『国際航空自由化研究序説』塩見 英治 著
中央大学出版部

【参考文献】追加

第2章：55 ページ

Wan, X., Zou, L., and Dresner, M. (2009), "Assessing the Price Effects of Alliances on Parallel Routes." *Transportation Research Part E*, Vol. 45, pp. 627–641.

Wensveen, L. G. & R., Leick (2009), "The long-haul low-cost carrier : A unique business model", *Journal of Air Transport Management*, 15, pp. 127–133.

Williams, G. (2012), "Comparing the Economic Operating Characteristics of Charter and Low Cost Airlines", edited by O'Connel, J. F. & G., Williams, *Air Transport in the 21th Century*, Ashgate, pp. 185–196.

国際航空自由化研究序説

レジームの変容と競争・協調

塩見 英治 著

中央大学出版部

装幀　道吉　剛

まえがき

　米国国内を対象に分析を行った『米国航空政策の研究─規制政策と規制緩和の展開』（文眞堂、2006 年）を刊行して早くも約 10 年を経過した。米国の航空輸送産業は、典型的に規制緩和が形成され展開しただけにダイナミックで大変興味深く、学術的に参考にすることが多い。他国の政府も追随的にその政策モデルを模倣することが多かった。この意味では、研究の意義はあった。だが、航空輸送産業の動きはとどまることを知らない。動態的で不安定でもある。規制緩和は、その後、世界的に拡大した。国内の航空規制緩和は国際市場へと影響が波及した 1980 年代以降、国際市場での自由化が進み、国際航空の伝統的レジームは大きく変容し、輸送構造と企業関係も大きく変化した。第二次大戦後の 1950 年代に確立したシカゴ・バミューダ体制、IATA 支配体制は揺らぎ、相互互恵的な権益の交換、自国権益の保護の傾向は弱まり、一部、市場統合の動きのなかで国籍条項の適用も一部、後退している。運賃の決定は IATA 体制のもとで独占禁止法の適用除外によって、IATA の運賃体制が堅持されてきたが、主要国はこれを撤回し、IATA 運賃決定に厳密によらなくなっている。航空会社のビジネス・モデルも変化した。認可運賃のもとでフラッグ・キャリアの権益が保護されていたが、市場変化に対応する戦略が重視され、大手のネットワーク・キャリアはグローバル・アライアンスを志向し、低コスト企業はサウスウエストに追随した LCC モデルを志向している。企業間の競争と対立しつつ企業間の協力・連携が進んでいるといえる。政策も公正競争を願う競争政策の比重が増しているといえる。主要国の協調・連携によっている。こういう意味で、競争政策を重視する政策の変化も、企業戦略のグローバル・アライアンスも LCC も航空自由化の産物といえる。

　本書は、国際航空の自由化に焦点をあて、競争に重点をおいた政策の変調

と、市場環境の変化に対応する企業の戦略面での変化を考察している。伝統的な大手企業が志向するグローバル・アライアンスと新規企業の LCC モデルを対比している。はじめに、グローバル規模での伝統的レジームの変容を米国が主導するオープンスカイ型自由化と EU が主導する市場統合型自由化に対比し、自由化に左右される競争政策を考察している。次いで、国際航空の 2 大戦略モデルであるグローバル・アライアンスと LCC モデルを考察し、時系列で LCC モデルも変容していることを明らかにしている。そして、典型的な自由化基調をとった米国の競争政策の変遷と構造、LCC の参入と輸送構造変化、東アジアで重視される国際航空貨物の動向を分析している。最後に、自由化市場に対応し官民協調の方策の推進が求められる日本の空港改革の課題について論じている。

　本書は、これまで学会等で報告・発表してきた論文に加筆・修正し、それを編纂したものである。なお、所収の初出論文は、以下のとおりである。

- ・第 1 章　「国際航空市場における競争と協調─競争政策と独占禁止法適用除外（ATI）をめぐって」『海運経済研究』46 号、日本海運経済学会、2012 年 12 月。
- ・第 2 章　「国際航空市場におけるアライアンスの展開と評価」『商経学叢』57 巻 3 号、近畿大学、2012 年 3 月。「国際航空産業におけるアライアンスと企業統合」『海運経済研究』36 号、日本海運経済学会、2002 年 10 月。
- ・第 3 章　「米国における航空市場環境の変化と競争政策─2000 年以降の Chapter11 の適用と合併の展開を中心に─」『中央大学経済研究所年報 43 号、中央大学経済研究所、2012 年 9 月。
- ・第 4 章　「米国市場における LCC の新規参入と経済的影響─2000 年以降のジェットブルーの新規参入と構造変化を中心に─」書き下ろし。
- ・第 5 章　「国際航空自由化の潮流と東アジア航空市場」『商業と市場・都市の歴史的変遷と現状』中央大学企業研究所叢書第 29 号、2010 年 1 月。
- ・第 6 章　「新時代における空港改革の課題と展望」『交通学研究 2013 年研究年報』日本交通学会、2013 年 3 月。

まえがき　iii

　なお、本書で十分、分析することがなかった分野は、近日刊行の拙著『国際航空自由化の制度的展開』（小熊仁との共著、文眞堂）を参考されたい。本書を出すにあたって、改めてこれまでお世話になった方々にお礼申し上げる。早大大学院でご指導をうけた元東京大学名誉教授の今野源八郎先生、九州大学でご指導をうけた元九州大学名誉教授の中楯興と野口雄一郎の両先生、本務先の中央大学でご指導いただいた元中央大学名誉教授の村田喜代治と鶴見勝男の両先生と、研究のアドバイスをいただいた元慶應大学名誉教授の増井健一と藤井弥太郎の両先生、神戸大学名誉教授の宮下國生先生、何かとご厚誼いただいた元法政大学名誉教授の廣岡治哉と元國學院大学名誉教授の雨宮義直の両先生にお世話になっている。本務校では、助手時代より、研究上の激励とアドバイスをいただいた著者が属する産業経済部門でお世話になった青野壽彦・池田正孝・大須眞治の名誉教授と石川利治現教授、ほか現スタッフの鳥居昭夫・山﨑朗・八幡一秀・江川章教授の日常の研究活動の支援に謝意を表する。加えて、一時、危篤に陥り体調不良になった筆者を支援してくれた同僚の諸先生方、学会の同僚、先輩の方々にも謝辞を申し上げる。

　お世話になった指導の先生方、先輩の方々の多くが今や鬼籍の人々となった。残念で寂しい限りである。これらの方々のご指導、激励、ご支援、助言がなかったら、本書の刊行は実現できなかった。なお、改訂補助作業に関しては、中央大学 2014 年度 4 年ゼミ生の中山まりさんにお世話になった。重ねて厚くお礼申し上げる。最後になったが、中央大学出版部の小林瑞穂氏から編集作業上のアドバイスと支援、校正作業の手助けをしていただいた。感謝を申し上げる。今年もいつの間にか、春たけなわの多摩キャンパスになった。喜ばしい限りである。

　2016 年 3 月

塩見　英治

目 次

まえがき　i

第1章　国際航空のレジームの変容と競争・協調 ……………… 1

1.　はじめに　1
2.　国際航空自由化の進展下でのレジームの変容と
　　企業間の競争と協調　2
3.　主要国における ATI の解除・撤廃の経過と特徴　8
4.　アライアンスの評価と競争政策　13
5.　わが国における適用除外の適用と課題　15

第2章　アライアンスと LCC の展開と評価 ……………………… 21

1.　はじめに　21
2.　企業論の視点によるアライアンスと企業統合の属性　22
3.　航空輸送における企業統合とアライアンスの特性　26
4.　アライアンスと企業統合の経済的合理性　29
5.　競争の制約が起こりやすいケースについての考え方　33
6.　グローバル・アライアンスの形成と展開　34
7.　グローバル・アライアンスの具体的意義と問題の所在　37
8.　LCC の概念とモデル　41
9.　LCC の展開と変容　47
10.　今後の展開と課題　50

第3章　米国の航空市場環境の変化と競争政策 ················· 57

1. はじめに　57
2. 規制緩和下における米国の航空市場環境の変化　58
3. 競争環境下における戦略的対応と競争政策　64
4. Chapter 11 の適用　66
5. 合併と競争政策の展開と課題　69
6. 規制緩和下の合併の経緯と特徴　72
7. 市場条件の変化とガイドラインの変容　76
8. アメリカン航空の Chapter 11 の適用と
   再生自立・合併の行方と帰結　78
9. まとめ　79

第4章　米国市場における LCC の新規参入と経済的影響
―2000 年以降のジェットブルーの新規参入と構造変化を中心に―… 83

1. はじめに　83
2. CAB 規制下の参入制限と競争制約　84
3. 市場参入と新規企業の動向―― 4 つの波　84
4. 参入パターンと参入活動の変化　87
5. LCC の上位路線と新路線への参入・路線構造の変化　89
6. 事業ビジネスモデルの典型と変容　90
7. NWC の競争対応　94
8. 2000 年以降のジェットブルーの市場参入と影響　94
9. 事業収益のパフォーマンスと市場構造の変化　97
10. まとめと日本への示唆　98

第5章　国際航空の自由化と東アジアの航空市場 …………105

1. はじめに　105
2. 東アジアの経済発展と航空需要の変化　106
3. 東アジアの経済連携と地域統合　110
4. 自由化を主導する2つのプロトタイプ　112
5. 自由化の経済的影響とビジネスモデル　115
6. 自由化の新たな動向——重層的なモデルの展開　117
7. 日本における「自由化」の現状　121
8. 東アジアの自由化促進と政策課題　122

第6章　新時代における空港改革の課題と展望
—国際航空自由化の促進に対応して— ……………………………………125

1. 問題の所在と目的　125
2. わが国の空港整備・運営の特質と問題点
——論点をふまえて　127
3. 空港収支・空港運営目標の提示　129
4. 民営化を中心とする空港改革　131
5. 今後の政策課題と展望　133

あとがき　139

索　引　143

国際航空自由化研究序説

──レジームの変容と競争・協調──

第1章

国際航空のレジームの変容と競争・協調

1. はじめに

　民間航空に関する伝統的な国際的レジームは、周知のとおりシカゴ・バミューダ体制と称され、1940年代に形成されている。航空権益を含む経済的事項の基本的取り決めは、多国間協定によるのではなく、二国間の協定によっている。加えて、国際市場における運賃その他の運営に必要な重要事項などを決定するために、企業間の組織としてのIATA（International Air Transport Association／国際航空運送協会）が設置された。その基幹であるTraffic Conference「運送会議」は、運賃を協議し決定する機能を果たしている。この国際間での企業間の価格決定・調整は、1970年代より、競争を阻害するカルテル行為に該当するものとして、一部、研究者の間で批判されてきた。だが、全体のレジームとの整合性にかない、秩序形成に資する代替機関がないことなどの理由から、制度上、各国の独占禁止法の適用除外法の対象となって、今日まで存続してきた。

　しかしながら、1990年代以降には、国際航空市場での自由化が進展し、EU域内での市場統合とクロスボーダーの合併、シカゴ条約に抵触する国籍条項の緩和などによって、伝統的な国際航空レジームに変容が生じている。2000年以降には、EUと米国の間でオープンスカイ協定が締結され、オープンスカ

イのアジア市場への拡大と一部地域での多国間協定が締結されるなど、自由化は進展しつつ重層的様相を帯びるようになっている。このような自由化の進展にともない、米国、EU、豪州では、従来の独占禁止法適用除外を解除もしくは緩和させる経過をたどっている。この関連で、グローバル・アライアンスも、制度面での制約を克服する新たな展開の局面に至っている。わが国でも、この動向をうけ、公正取引委員会は、適用除外制度のありかたについての報告書を提示し、国土交通省に対し見直しを求め、国土交通省では、再検討する経過をたどっている。

　本章は、最近の国際航空市場における自由化の進展と、そのもとでの企業間の競争・協調関係の主要な変化について概括し、そのうえで、独占禁止法適用除外の解除と撤廃をめぐる米国、EU、豪州での主要な経過と特徴、主要な論点としてのIATA（International Air Transport Association／国際航空運送協会）、インターライニング、アライアンスの評価とATIとの関連について考察を行う。次いで、わが国について、見直しの経過と実情、関係者の主要な所見、今後の課題について検討を行うものである。

2. 国際航空自由化の進展下でのレジームの変容と 企業間の競争と協調

　国際民間航空を統制している基本的なレジームは、主導する米国と英国の妥協点として形成された。1944年のシカゴ会議で国際民間航空条約が採択され、これによって各国の領空主権の排他的権利が承認され、これを制約・許容する運輸権、民間航空の事業運営は、1946年に締結されたバミューダ協定（米英二国間協定）によって取り決められた。それ以降、この条約と協定をモデルとした航空協定の締結によって国際航空の秩序が維持されてきた。併せて、1945年には、運賃その他の航空輸送の運営を定期航空会社間で取り決める国際団体としてのIATAが形成された[1]。IATAと海運同盟との差異は、前者には、

1　当時の米国は、第二次世界大戦での国内の被害が比較的僅少であり、航空機産業を含め高い航空力を有していることから、路線、便数、運賃について制約がない市場アクセス・システムの構築を希求していた。一方、甚大な戦災をうけ米国の権勢

輸送力を統制するシステムがなく決定された運賃について政府の承認を義務づけられている点などに示される。IATA運賃の手続きは、基本的にほとんどの二国間協定に長きにわたり取り込まれる経過をたどっている。

このレジームには、当時の政治状況が反映されているが、その後の持続を支えたのは二国間主義のなかで、締結国の実情をふまえ相互間で、輸送力などに関する事後承認などの弾力的適用の幅が許容されたことによるものである。しかしながら、伝統的な二国間主義は、互恵主義、機会均等主義であり、これにより、輸送体制を相対的に能力が劣った国の水準に収斂させ、競争を実質的に排除する可能性があること、交渉過程での直接の行政的介入を不可避とし社会全体での便益を的確に判断し、その便益を増加させる傾向にはないこと、過大な取引コストを強いること、さらに、市場を細分化し、グローバルなネットワーク形成を妨げるものとしての問題点が指摘され、批判されてきた。運賃についても、IATAの3地域の運送会議で協議し、その決定は、それぞれの会議で会員の全員一致の賛成決議によって行われる方式をとってきた。この方式によって決定された運賃水準は、競争制約をともない市場取引より高い水準にある問題点が指摘されてきた。

IATAは、1970年代以降、度々、危機に直面している。1970年代以降には、西欧地域と北大西洋の市場でチャーターや不定期輸送の拡大、新興国の非IATA企業の伸長など、IATAの存在に圧力をかけ、これらの輸送への制限や参加ルールの一部変更を余議されている[2]。これらの対応にもかかわらず、1977年には、主力の路線である大西洋路線では、航空旅客の3分の1を不定期・チャーター形態のサービスが占めるようになっている。1984年には、米国がECAC（European Civil Aviation Conference）との間で、個々の企業に対し運賃設

を懸念する英国を中心とする欧州勢力にとっては、制限的な制度の構築が課題であり、IATAの形成は、米国と英国を中心とする欧州勢力の妥協の産物とされる。Rhoades, D. L. (2003), p.26.

2　IATAは、生産者カルテルの機能としては有効性に制約がある。1980年代に入って外部の競争圧力に直面し、運送会議で全員一致の決議をとるのが次第に困難になり、一部に合意をみないままに決裂するケースがでている。1975年に、同業組合として参加でき、第3、第4の自由企業は会議での事前承認を要しないで二国間での革新的な運賃設定ができるよう組織運営のルール変更を行った。Doganis, R. (2006), pp.30-31.

定の自由裁量を与えつつ、各クラスの適合する運賃幅を容認する多国間協定を締結するなど、それ以降、運賃設定に関する IATA の統制力は低下している[3]。

　1990 年以降には、二国間主義を基調とする伝統的な国際航空レジームは、自由化の進展のもとで大きな変容をきたすようになっている。変容面は、二国間主義のなかでの自由化の拡張と EU に代表される域内での市場統合による自由化の進展との並存、IATA の退潮、欧州域内の市場統合のもとでのクロスボーダーによる大型合併の進展とグローバル規模でのアライアンスの展開との併存などによって象徴的に示される。この自由化を主導するのが米国のオープンスカイ型自由化と EU の市場統合型自由化である。

　国際自由化の先駆けをなし、トレンドセッターになったのは米国である。米国は、国内の航空規制緩和法の成立と連動させる形で国際航空の自由化政策に着手した。1978 年前後には、国際航空交渉実施のための政策、国際運送競争法、IATA に対する Show Cause Order などが出され、1980 年代以降、相次いで自由化交渉を締結させていった。1990 年代に入ると、米国の国際自由化政策は、合併等による国内航空産業の経営基盤強化などを足がかりに、一層、深化し、明確にオープンスカイを標榜する政策へと転じる。すなわち、1992 年に米国政府は、国際市場におけるさらなる自由化を促進するための「オープンスカイ協定案」を打ち出し、新政策として明文化した「国際航空輸送政策」を発表した。これらの政策は、理念として、市場原理が働く世界的な航空市場の実現、運賃・サービスにかかる消費者の選択肢の増加、航空企業にとって制限のない機会と公平な航空市場の確保などを掲げている。さらに、企業のコード・シェアリングの推進に経済的合理性があることを確認し、アライアンスを積極的に是認し支持している[4]。

　オープンスカイの推進には、小さな市場国とのオープンスカイ締結により大きな市場国への輸送量の転移によってオープンスカイを波及させる「囲い込み戦略（enrichment strategy）」が示される[5]。この戦略が功を奏し、新たなオー

3　Rhoades, D. L. (2003), p.43.

4　Doganis, R. (2006), pp.32-45.

5　米国は、これらの欧州の小国に対し、米国国内への多くのアクセスを許容する見返りに、米国を起点とするほとんどなかった第 3、第 4 の自由での旅客流動を生み出す影響を利用した。Rhoades, D. L. (2003), p.40.

プンスカイ協定（1992 年協定モデル）によって、ドイツ、英国などの主要国との間で相次いで協定を締結するに至っている。その協定の主要内容には、マーケットアクセスについての無制限の運輸権と第5の自由、無制限の参入企業数、輸送力と便数の自由、運賃の自由設定、コード・シェアリングの自由が含まれている。この間の協定締結の経過では、オープンスカイ協定の合意を前提に、反トラスト法の適用除外の付与によるアライアンスのコード・シェアリングの拡張を図っている。一方では、ほかの国と非対称となる大規模な国内市場での第9の自由、カボタージュを保留したままである。従来の枠組みのなかで可及的に自由化を追求し、自由化の促進を戦略的目的の達成によってカウンターバランスをとっている。消費者便益と自国航空企業の利益増進に結びつく限り、自国市場を温存する形で自由化を推進しているともいえる。これらの結果、オープンスカイは拡大し、2008 年 11 月時点で、米国がオープンスカイを締結している国・地域は 94 に達している[6]。

　一方、EU では、欧州委員会の主導のもとで、経済・市場統合の流れの一環として、さらに、米国が主導する国際自由化の影響をうけて、自由化が進展したのであるが、到達点としての航空市場統合型の自由化に特徴が示される。1988 年発効のパッケージ I、1990 年発効のパッケージ II の実施を経て、最終的に、1993 年発効のパッケージ III により単一航空市場を 1997 年に完了させた。域内での限定はあるが、運賃・輸送力を含む全面的自由化を図る多国間協定、カボタージュの解禁、加盟国の国籍条項の撤廃、EU 共通運航免許による企業（Community Air Carrier）の概念の設定などが含まれており、自由化の達成レベルにおいて米国以上の完全自由化に特徴づけられる。さらに、域外国との航空交渉権と国籍ルールの変更も行うに至っている。すなわち、欧州委員会による欧州司法裁判所への提訴、2002 年の欧州委員会の訴えを認める判決を経て、2003 年に、運輸閣僚理事会による EU 加盟国の国籍ルールの修正、欧州委員会に対する航空交渉の権限の付与が決定された[7]。オーストラリアとニュージーランド間でも、カンタス航空の民営化、ニュージーランド航空の資本参加によるアンセット航空の売却問題の解決などを経て、1996 年に市場

6　U.S. Department of State, Open Skies Partners.（http://www.state.gov/e/eeb/tra/ata）
7　Button, K.（2004）, pp.105-106.

統合の協定が交わされ、2003 年に具体的内容を備えた自由化協定が発効するに至った。

　そのほか、世界には、1990 年代以降、国境を越えた地域内で航空市場調整、航空事業の相互の連携協力を行う数多くの地域間協定が締結されている。21世紀に入ると、国際自由化はアジア地域に波及し、その協定内容も重層的性格を帯びるようになる。2001 年の米国、ブルネイ、シンガポール、ニュージーランド、チリとの 5 ヵ国間での締結は、オープンスカイの原則に基礎をおいた最初の多国間協定であり、議定書の取り決めにおいて、米国が当事国にならない二国間市場における参入・価格の自由化、第 5 の自由、外資制限の緩和、カボタージュの解禁が含まれている点で注目される。わが国でも、2009年に米国との間で、オープンスカイによる完全自由化について合意を達成し、その後、アジアの諸国間との間でのオープンスカイ協定を相次いで締結させている。そのほか、アジアでは、2015 年を達成目標とする ASEAN の市場統合とその影響が注目される。21 世紀に入っての一連のオープンスカイの経過のなかで、もっとも画期的で注目されるものに、2008 年 3 月に締結された EUと米国間のオープンスカイの協定がある。この締結には、前述した欧州裁判所の判決が直接の契機となっている。当時者の片方が EU といった広域統合体であるだけに、自ずと多層型の協定内容の性格を帯びている。相互の国と地域内の地点への参入アクセスは自由であり、第三国を含む広範囲での影響を与える可能性をもつといえる。ただし、カボタージュと外資制限を意味する実効的な所有とコントロールの緩和・撤廃は、議会の一部と労働組合の反対などにより実現していない[8]。然るに、EU は、米国側の EU 市場へのアクセスの高い自由度の現状に照らし、この点での要求は強い。

　航空企業の戦略面については、1990 年代以降、自由化促進に向けた制度面の変更と市場環境の変化のもとで、主要な国際路線での広範なコード・シェアリングの普及と本格的なグローバル・アライアンスの展開が示されるように

8　米国運輸省（DOT）は、2006 年に米国航空企業を統制する外資制限を緩和する議案を提示したが、議会の下院で否決されている。資金調達の制約もあって、主要航空会社はこれに賛成の意を表明したが、労働組合と議会の一部に反対が根強い。ほか、際立った動きはないが、Civil Reserve Air Fleet の存在に示されるように、国防省の潜在的な反対の意向も示される。Truxal, S.（2012）, p.113.

なっている。国際市場でのアライアンスは、Foreign Ownership & Control といった国籍条項と外資制限の壁の制約のなかでの合併の次善策として、戦略的効果を発揮し、範囲の経済性といった経済的合理性にかなうものとして正当化されるようになった。国際市場で、大型合併と並行してアライアンスが進展する国際海運とはこの点で異なる。

　1992 年の KLM とノースウエスト航空とのアライアンスは、大西洋路線という主要国際路線に就航する企業相互による最初の協定である。広範なコード・シェアリングをともなっており、その翌年には、DOT（米国運輸省）から ATI（Anti Trust Immunity ／独占禁止法の適用除外）を取得し、それによって、大西洋路線を対象に、緊密な運航調整を実現する経過をたどっている。この協定は、大西洋路線のみならず、相互に欧州・北米市場への多くの便数での運航を実現させ、その後に追随するこの種のアライアンスの先駆けをなすものである。1997 年には、最初の本格的なグローバル・アライアンスでもあるスターアライアンスが結成された。次いで、1998 年に、クアリファイヤーが誕生し、同年、ワンワールドの結成が続く。さらに、その翌年には、スカイチームの結成がなされ、これによって、1999 年までに、4 大グローバル・アライアンスが出揃うこととなった。これらのアライアンスは、いずれのグループにあっても、米国と欧州の航空企業によってリードされている。その後、グローバル・アライアンスは、グローバル・ネットワークのさらなるカバレージのために、加盟企業を増加させ、グループ再編の経過を経て、スターアライアンス、ワンワールド、スカイチームの 3 大グループに収斂されるに至っている。この 3 大アライアンスは、2010 年に世界全体の有償旅客マイルの 6 割強を占めるに至っている。

　最近のアライアンスは、ATI 取得を前提にとり結ばれ、グループ企業間でのスケジュール調整のみならず、"Metal neutrality" と称される運航フライトを各社担当するにもかかわらず顧客を同等に扱い運賃共同設定、収入配分を行うことが可能な内容に進化させている[9]。一般に、適正なネットワークの構築、共同運航調整、共同マーケティングの発揮などにより、効率の向上と競争促進、

9　Rhoades, D. L. (2003), p.99.

消費者便益の向上をもたらすものと評価されるが、相互に支配的な特市場間で特定のとり結びについては、市場支配力の拡大によって、競争制約と悪影響の可能性が問題視されている[10]。グループ編成についても、恒久不変ではなく、米国でのメジャー企業の合併統合にともなうメンバーの離反なども一部に生じており、不安定さをともなう。従来よりも安定性が増しているとはいえ、今後もグループの再編が続くことが予想され、さらに収斂化方向をたどるものと思われる[11]。

　以上のように、一連の自由化政策の推進のもとで、企業間の競争が高まり企業の運賃設定の自由度が拡大し、このもとで多くの運航サービスの運賃はIATA設定の運賃から乖離し形骸化する傾向にある。さらに、戦略としてのアライアンスとコード・シェアリングの展開により、企業間でとり結ぶインターライニングとそれによる運賃設定が拡大し、出発地の空港から到着地の空港までのオンライン輸送もしくは直航便の利用拡大が示されるようになっている。

3. 主要国における ATI の解除・撤廃の経過と特徴

　1990年代後半以降、EU、米国、豪州では国際航空輸送に関するATIを解除・撤廃する動きがみられるようになっている。それぞれ経過に特徴がみられるが、その判断には共通点が多い。

　EUでは、航空に特別固有な適用除外規則が存在するわけではない。適用除外はEU条約81条第3項によって定められているが、これが航空分野に適用され、改めて航空分野への域内の一括適用除外規則の制定がなされたのは、1987年になってからである。適用除外の所轄は、EU委員会であり、その権限が概して強いのが特徴的である。適用除外は、競争の制限と促進の効果といっ

10　EU Commission (2007), Competiton: Commission ends block exemption for IATA Passenger tariff conferences for routes between the US and non-EU counries.

11　主要なグローバル・アライアンスでは、組織の維持と安定性の確保のために、長期契約、退出に際しての高額なペナルティ、会計方式についての協定、パートナー間でのプロフィットシェアリング、資源・資産管理のコミットなどを含む組織原則が取り入れられている。Rhoades, D. L. (2003), p.91.

た双方の面での比較衡量と総合判断によるのもので、審査項目の範囲が広い。航空分野での適用除外は、以下のような経過をたどっている[12]。当初は、①スケジュール調整に関する協定、②便数が少ない路線における共同運航に関する協定、③旅客及び貨物運賃の協議に関する協定（インターライニングを促進するものに限定）、④空港のスロット配分に関する協定、を対象にしていた。次いで、1997年には、①のスケジュール調整に関する協定、②の便数が少ない路線における共同運航に関する協定、③のうちの貨物運賃の協議に関する協定、を廃止した。2004年には、③のうちの二国間協定にもとづく旅客のキャリア運賃協定の廃止を決定した。同年、欧州閣僚理事会は、欧州委員会に対しEU競争法をEU域外路線について適用できる権限を付与した。さらに、2006年には、一括適用除外規則の廃止が決定され、その規則の期限が以下のように定められた。これをうけて、2007年10月末に、EU発着のすべての路線にかかる一括適用除外規則が失効した。

　以上の1997年の廃止は、①②については、競争制限行為として競争法に抵触し、③については、IATA運賃の適用が実際にみられず、インターライニングの必要性がないとの判断にもとづいている。EU域内では約85％もの圧倒的多数のチケットが直航便であり、インターライニングの利用はほとんどないとしている。2007年の失効のうち、③のIATAの旅客運賃協定が問題の焦点となるが、これについては、IATAのインターライニングシステムは、代替可能な存在する4つのタイプの1つにすぎず、参加するすべての航空会社間で合意される競争制限的な価格決定方式によっていること、その運賃利用はEUと第3国間の運航で発行される運賃全体のうちでわずかに5％を占めるにすぎないことの判断によるものである[13]。

　IATAは、これに対応し、欧州域内で適用するe-tariffとFlex fareといった新たな運賃システムを導入した。e-tariffはインターネット上で各航空会社が匿名方式により投票を行うプラットホームで、航空会社間の情報交換と直接の話し合いができないシステムである。これに対し、Flex fareは、各航空会

12　Truxal, S.（2012）, p.92.

13　EU Commission（2007）, Competiton: Commission ends block exemption for IATA Passenger tariff conferences for routes between the US and non-EU counries.

社が公示している各都市間のキャリア運賃の平均値を算出し、これにインターライニングがもたらす付加価値相当分をプレミアムとして加算したもので、市場価格が先導するシステムに近づけたものといえる[14]。この新システムについて、欧州委員会は、EU競争法の適用除外にならず、IATAおよび個々の航空会社自らがその枠組みをEU競争法と整合的なものとするよう確保する必要があるとし、一方では、今後、EUとその他の地域間でも適用される可能性について付言している。

　米国では、国際航空カルテルの適用除外はUS Code Section 41308および42111（以下、41308条、42111条と称する）に定められている。41308条では、DOTの長官が公衆の利益に適合していると認められる場合とし、予期される取引の継続を正当化するための必要な程度において、当該決定の影響の及ぶ者を反トラスト法から除外するとしている。41309条では、公衆の利益の観点での許容と反競争・競争制限での制約条件について、以下のように定めている。運輸大臣は、実質的に競争を減殺し、または消滅させる場合であっても、当該協定等が深刻な輸送需要に直面しているか、あるいは外国の政策などに対する配慮を含む公衆の利益を達成する必要があり、他の合理的に代替可能な手段がないと認定した場合を除くとしている[15]。併せて、手続き上、関係当事者が立証する責任を定めている。所轄が競争当局でないDOTがあたり、その承認の裁量に幅があるのが特徴的である。DOTは航空会社から申請があると、それをDOJ（米国司法省）と国務省に通知する義務がある。事後、DOJと国務省は当該申請についてのコメント提出が可能となっている。

　適用除外の対象の大きな柱は、IATA運賃協定とアライアンスであるが、2007年にIATA運賃協定については、一部路線での失効の経過をたどっている。DOTは、EU委員会と後述する豪州規制当局が、それぞれの競争法の適用除外を撤廃する経過をふまえ、2006年7月に、IATAに対して、米国とEUおよび豪州との間の路線にかかわる適用除外を部分的に撤廃することに関し、その措置をすべきでない理由を開示する命令を下した。その翌年の3月にDOTはIATAが提出した結果を検討し、すべきでない証拠が示されなかった

14　IATAホームページ http://www.iata.org/

15　US DOT（2007）, pp.1-6.

として、当該路線における IATA 運賃協定の廃止を決定し、2007 年 6 月末に失効に至った[16]。

この廃止の判断理由としては以下の点があげられる[17]。まず第 1 は、外交上の配慮が不要になった点である。DOT は、従来 IATA 運賃協定については反競争的との認識をもっていたが、航空に関する外交上の良好な関係の維持への配慮によって、適用除外を継続してきた。だが、EU と豪州の対応によってこの点での配慮が不必要となった。その他、公共の利益と運輸上の必要性は、実質的に反競争的性格が低く合理的な代替手段によって獲得可能であること、個々の航空会社が IATA と同様の弾力的なインターライニング運賃でのサービスを提供していること、旅客と荷主がすでに IATA なしでのインターライニングサービスへのアクセスを継続して獲得していること、観光客が主に使用する IATA 運賃の特別運賃は弾力性に乏しく高額で利用率が低いこと、などの点が確認され、判断材料になった。

一方、アライアンスにかかわる適用除外については、諸外国との航空協定に取り込むオープンスカイ政策と表裏一体的に取り扱われている。DOT が、諸外国に対してオープンスカイ協定を働きかける誘因として当該権限を利用してきた事実経過は否定できない。しかし、アライアンスついて、適用除外制度の承認は、限定的である。価格維持等の問題をもたらす以外の協定関係、すなわち、スケジュール調整、コード・シェアリングに関する協定は、適用除外制度の承認を要せず、他の産業と同様の競争法に抵触しない範囲での対応が可能である。一方、運賃の共同設定、収入プールなどに関する協定は、個別に適用除外制度の承認が必要であり、そのために、事前に当該航空会社は、DOT に対して資料を提出することが求められる。その場合も、一律に適用除外の対象としているわけではない。DOT は、その裁定は、協定によって、競争が大きく制限されるか排除されないこと、ATI が公益性にかなうこと、当事者が ATI にかかわる取引に着手すること、などを基準に行われる[18]。公益性の評価に際しては、対外政策上の要素と運輸上の重大な必要性に照らして判断

16　US DOT（2007）, pp.45-52.

17　US DOT（2007）, pp.2-16.

18　Mercade, Felix, J.（2011）.

されるが、いずれにせよ、以上の要件に該当するかについて、具体的データと基準をもとに、判断がなされている。

　アライアンスは、競争事業者間で共同輸送を行うケースに該当し、一般的に、DOJ と FTC（米国連邦取引委員会）による「水平的協定に関するガイドライン」に従い判断される。最近の変化を画するものは、1992 年、1997 年、2000 年のガイドラインである。1992 年のガイドラインとそれを継承する 1997 年のガイドラインは、従来のものと異なり、効率性を含め統合化に踏み込んだ内容となっている[19]。さらに、2000 年のガイドラインは、基本的枠組みと考え方は従前のものと同じであるが、一層、多様な要素を含むようになっている。もっとも、競争政策の趣旨に照らして、効率性の向上そのものが主眼でなく、消費者便益と公正競争にかなう競争促進と競争制約の比較考量が示されている。影響の判断を単一の手法によってではなく、事業ごとの各種の手法と証拠を用いて行うこと、関連市場の画定を競争効果を分析する 1 つのツールとしてとらえること、反競争効果の証拠（Evidence of Adverse Competitive Effect）の要素を取り入れることなど、透明性に確保に特徴がみられる。効率性を考慮するにあたって、多様な要素が取り入れられ、それぞれの市場で反競争的効果を打ち消しうるかどうかに重きをおくようになっている。一方、通知をうけた DOJ は、クレイトン法の 7 条にもとづいて、提携が市場支配力を促進させ競争制約の問題を引き起こさないかどうかについて検討し、その結果について公式のコメントを DOT に提出するプロセスをとっている[20]。DOJ は、概して、DOT の広範囲の ATI についてカーブアウトによって制限する勧告を提出する傾向にある。以上のように、ATI については、個別の裁定にもとづいており、一括適用除外の対象とはされていない。とはいえ、公益の利益との関連で外交上の理由適用の可能性が条文に明記されていることは、企業にとって取引のリスクを緩和し戦略性の期待を予定できる効果を生み出しているように思われる。

　豪州では、適用除外の所管は、規制当局である豪州競争・消費者委員会

19　U.S. Department of Justice and the Federal Trade Commishion, 1992, U.S. Department of Justice and the Federal Trade Commishion 1997.

20　Lee, Darin（2006）, pp.132-133.

（ACCC）があたっている。適用除外を定める 1974 年制定の取引慣行法は、事業者が国際航空協定に参加しようとする場合には、その申請にもとづき、当該国際航空協定によってもたらされる公共の利益が反競争的行為による弊害を上回るときは適用除外が認められるとしている。その後、これにもとづく運用が継続し、1985 年には IATA 協定もその対象になっていた。しかし、2004年に ACCC は IATA その見直しに着手し、2006 年 11 月にその適用廃止を決定し、2008 年 6 月末をもって IATA 運賃協定（旅客および貨物）の適用除外が失効した[21]。その廃止の理由については、IATA 運賃協定が公共の利益にそぐわず、公共の利益があってもそれを上回る競争制約の弊害をもたらしていること、IATA のインターライニング運賃の利用が実態的に少ないこと、旅客にとって、IATA 運賃に依存しない個々の航空会社によって提供されるインターライニングサービスへのアクセスを容易に獲得できること、などが指摘されている[22]。なお、アライアンスに関する協定は、航空会社からの申請にもとづき個別に判断するとしている。

4. アライアンスの評価と競争政策

　アライアンスによる経済効果については、表 2-1 にみるように、1990 年代後半以降、多くの研究者や調査機関、米国政府などによって分析されるようになっている。概して、需要サイドにおける利便性の拡大と需要増加、生産者サイドでの収益向上とコスト削減の効果、"Double marginalization" の回避などによる競争促進の効果が指摘されている。Brueckner J. や Dresner, M. などをはじめとする経済分析の多くが、アライアンスをとり結ぶパートナーが、消費者を犠牲にすることなく市場シェアを拡大し、効率向上を達成したことを示している。このなかにあって、支配的な市場での特定のとり結びについては、競争制限の経過も指摘されている。一連の研究のなかで、競争効果が連携のネットワークの形態に依存するものとし、アライアンスの形態を並行的アライアンス（parallel alliance）と補完的アライアンス（complemental alliance）

21　US DOT (2007), pp.7-8.
22　Australian Competition & Consumer Commission (2006), pp.37-39.

とに区分し競争効果を分析している Park, J. H. (1997) の研究は注目される[23]。アライアンスによる消費者の利便性の多くは、補完的なネットワークの連携から生じる。補完的なネットワークは、旅客にとって、提携する会社のそれぞれのネットワークを乗り継ぐか連結するかして利用する形態のネットワークを意味する。旅客は、締結する会社間での運航調整にもとづいて、ゲートウェイまたはハブ空港での接続時間の低減といった便益を享受することができる。これに対して、ゲートウェイとゲートウェイの間を結ぶネットワーク、パラレルなネットワークでの連携については、注意深い精査が求められる。提携する会社のそれぞれのゲートウェイでの市場支配力が高いケースでは、競争が制限され、運賃が高くなる潜在的な可能性が高まるからにほかならない。ましてや、当該のアライアンスが独占禁止法の適用除外の対象となり、これによって、共同での運賃とキャパシティの設定が可能になれば、その潜在可能性は高まるといえる。

　これまでの実証研究では、そのネガティブの潜在的な影響は少なく、むしろ、全体の便益は向上していると評価されてきた。この理由としては、オープンスカイによる効果との相乗性はあるが、一般に、ゲートウェイ間でのネットワークでの、相互の高い市場支配力による潜在的に高い運賃も、相互のハブを経由するネットワークの培養からの密度の経済性によって相殺され、結果として、運賃は高くならないこと、が考えられる。政策的には、相殺効果を上回るマイナス効果をもたらす場合には、ハブでのスロット割譲、ATI の制限、カーブアウトなどの措置もとられていることもある。米国では、オープンスカイによる総合便益を勘案し、オープンスカイの締結の当事国のアライアンスについては、概して ATI を容認する方向が示されるが、これとて、包括的な承認ではなく、ケース・バイ・ケースの裁定によっているのは、以上の理由からである。

　しかしながら、一部の研究者や DOJ による調査・分析などのように、最近では、独占禁止法適用除外の対象となった共同運賃設定を行うアライアンスの運賃水準が、単にコード・シェアリングをとり結ぶアライアンスの運賃水

23　Park, J. H. (1997), pp.181-194.

準より高い分析結果も示されるようになっている[24]。これらは、これまでの分析が主として 1990 年代のデータによるもので、最近の反競争的結果の析出に及んでいない問題点を指摘している。グローバル・アライアンスは、参加企業サイドからみると、競争優位の獲得の点での利点があるが、大手企業レベルでは、参加企業と非参加企業との競争力の格差を促進する可能性も指摘される。アライアンスの進展は、IT システムの共用・連携の共有の深化をともなう。競争の進展にともない、グループ再編を生じるが、再編の際には、IT システムの再構築のための大きなコスト負担を回避できない問題がつきまとう。いわばスイッチング・コストにあたり、アライアンスの深化にともない、これが企業情報の流出リスクの回避とともに、大きなグループ間での企業の移動を妨げる要因になる。組織編成のうえからも、競争に与える影響については一概には判断しにくい。これらのことから、アライアンスの競争が適格に機能するのであれば、一律に適用除外制度の対象にする必要はなく、競争法によって他の産業と同様の対応が合理的である考え方も示される。

　今後とも、EU と米国との間の主要路線、EU 域内の主要路線などにおいて、適用除外が承認されているアライアンスが長期的に反競争的影響を含め、いかなる影響があるのか検証を深めていかねばならない。事前承認の際だけでなく、長期的な時系列での競争上の影響についての調査、検討が求められる。

5.　わが国における適用除外の適用と課題

　わが国の国際航空協定に関する独占禁止法の適用除外制度は、1952 年制定の航空法に規定されている。すでに実施されていた IATA 運賃等に関する調整を追認する形で規定づけがなされている。規制官庁の所轄となり、この点でも航空法との整合性をはかった経緯が示される。適用認可の対象は、IATA 運賃協定や IATA 連絡運賃協定などを含む IATA 協定、指定航空企業間合意とアライアンスを包含するキャリア運賃協定などとなっている。

　航空の規制緩和と自由化の進展をうけ、1990 年代以降、問題点と改善の方

24　William, G. and Oliver, M. Richard (2011), pp.5–20, Volodymyr, Bilotkach and Huschelrath, Kai (2010), pp.6–20.

向について検討がなされてきた[25]。1992年には公正取引委員会による提言をうけ、航空法の改正のもとに、利用者の利益を不当に害さないことなどの協定の認可要件が定められた。1999年には「規制緩和推進3か年計画」をうけ、協定を認可したときに遅滞なく公正取引委員会への通知の義務づけがなされた。適用除外自体の見直しの必要性が示されていたが、IATA協定に関しては、安定的かつ効率的な国際輸送ネットワークの維持・確保、諸外国においても競争法からの適用除外が認められていることを理由に適用除外が維持され、国際航空協定の範囲に関しては、国境を越えた事業者間協定の増加と多様化を理由に、引き続き協定一般が維持されることとなった。

国際航空の適用除外は、法律上、航空法に定められ、その110条2号に「公衆の利便を増進するため」の「連絡運輸に関する契約、運賃協定その他の運輸に関する協定」が対象とされている。111条では、国土交通大臣の認可要件が定められ、①利用者の利益を不当に害さないこと、②不当に差別的でないこと、③加入および脱退を不当に制限しないこと、④協定の目的に照らし必要最小限であること、の4つが規定されている。協定の内容がこれらすべてに適合すると認められない限り、認可してはならないとされている。

2008年には、EU、米国、豪州での見直しの動きがあることから、国土交通省は「国際航空に関する独占禁止法適用除外制度のあり方に関する懇談会」を設置し、公正取引委員会の検討結果の報告や関係者の意見聴取などをふまえ、見直しの検討がなされてきた。筆者はその委員であったが、政権が代わり、この懇談会そのものでの意見の集約は見送られた。だが、この検討の経過もあって、以下の点で、2010年6月7日付の局長通達の形で運用面での変更を行うよう決定がなされ、6月15日に施行されている[26]。

111条の認可をうけて独占禁止法の規定を適用しないこととしている協定のうち、その内容がこれまで認可されて協定の内容である限り、認可を要しない協定として、① IATA連絡運賃協定、② IATAサービス会議規則協定、③共同運送協定、④ FFP協定（マイレージ協定）、⑤アライアンス周遊運賃協定、⑦

---

25 公正取引委員会・政府規制等と競争政策に関する委員会（2007）、25-29ページ。
26 国空事第132号、「国際航空に関する独占禁止法適用除外制度の運用について」2010年6月7日。

キャリア協定（指定航空企業間で、個別の運賃またはその具体的水準を合意していないものに限る）を対象としている。なお、IATAの運賃調整会議を通じて決定された共通運賃にかかわる協定の締結または変更については、その内容から法111条1項の認可を要するものであるが、当該運賃にかかわる協定に関する諸外国における競争法上の取り扱いなどをふまえ、2011年度以降は、同項の認可を行わないこととし、IATAの新運賃方式については、従前どおり、法律111条の認可を要するものとしている。なお、二国間航空協定にもとづく指定航空企業間同意によるキャリア運賃協定の締結および変更と、アライアンスの深化を図るための新たな協定については、その内容から法111条の認可を要するものとし、後者については、別に定める審査基準に従って審査を行うとしている。

　以上のように、法律上の適用除外そのものは維持され、通達によって運用上、対象範囲を縮小した点に特徴がみられる。従来のIATA運賃について適用除外認可の撤廃は、諸外国に実情といった理由が妥当しなくなった経過もさることながら、IATA運賃の適用割合が多数旅客利用のエコノミー運賃で極端に低いこと、IATA協定がIATAインターライニングを維持するために必要不可欠でないこと、IATA貨物協定運賃が実勢運賃と大幅に乖離していること、などの観点から妥当な対応と思われる。とくに、IATA貨物協定については、日本貨物航空、日本旅行業界、日本荷主協会から、ヒアリングの経過のなかで形骸化の問題が指摘されており、これらの意見が反映される形となった。しかしながら、IATAの新方式については、アジア地域では一部のクラス運賃のガイドラインとして高値での影響を与える可能性もあることから経過観察を要する。IATA貨物協定については、日本貨物航空、日本旅行業界、日本荷主協会から、形骸化の問題が指摘されており、これらの意見が反映される形となった。

　関係深化の新たな協定を含めアライアンスについては、公正取引委員会の報告書では、競争促進的である範囲では適用除外制度の承認を必要としなくても今後も発展する可能性がある見解を示していたが、ヒアリング経過のなかで、米国にみられる外交政策のツールとしての存在、取引実現のリスクの回避からその必要性を唱えるANAなど一部航空会社の見解が反映される結

果となっている。米国のような外交政策のツールの利用可能性は低いといえるが、航空会社の利用実態に即した対応としては妥当のように思われる。課題は、個々の協定ごとに、利用者利便の増進の確保をはかり、競争が実質的に制限されることにより利用者の利益が不当に損なわれることがないための、透明性を備えた総合的かつ厳格な審査の実施であり、そのための体制確立である。

【参考文献】

井手秀樹・三枝まどか（2009）「国際航空運賃カルテルと競争政策上の課題」『運輸と経済』第69巻第12号、一般社団法人運輸調査局、74-83ページ。

塩見英治（2002）「国際航空産業におけるアライアンスと企業統合」『海運経済研究』第36号、日本海運経済学会、13-22ページ。

塩見英治（2006）『米国航空政策の研究』文眞堂。

塩見英治（2011）「国際航空市場におけるアライアンスの展開と評価」『商経学叢』第57巻第3号、近畿大学、127-141ページ。

ホベンカンプ H.（荒井弘毅・大久保直樹・中川晶比兒・馬場文訳）（2010）『米国競争政策の展望』商事法務。

松下満雄・渡邉泰秀編（2012）『アメリカ独占禁止法（第2版）』東京大学出版会。

一般財団法人運輸政策研究機構国際問題研究所編（2011）『アメリカ航空産業の現状と今後の展望』。

公正取引委員会・政府規制等と競争政策に関する研究会（2007）『国際航空市場の実態と競争政策上の課題について―国際航空協定に関する独占禁止法の適用除外制度の在り方を中心として―』。

国土交通省（2008）「国際航空に関する独占禁止法適用除外制度のあり方に関する懇談会」議事録資料。

Bilotkach, Volodymyr and Kai, Huschelrath (2010), Antitrust Immunity for Airline Alliances, ZEW Discussion Paper, No.10-080, ZW Center for European Research, pp.1-34.

Brueckner, J. and Proost, S. (2010), "Carve-Outs under Airline Antitrust Immunity", *International Journal of Industrial Organization*, Volume 28, Issues6, pp.657-668.

Brueckner, J. and Whalen, T. (2000), "The Price Effects of International Airline", *Journal of Law and Economics*, 43 (2), pp.503-545.

Brueckner, J. (2003a), "The benefits of code sharing and antitrust immunity for international passengers, with an application to the Star Alliances", *Journal of Air Transport Management*, 9. pp.83-91.

Brueckner, J. (2003b), "International Airfares in the Age of Allinaces: The Effects of Codesharing and Antitrust Immunity", *The Review of Economics and Statistics*, Vol.85 (1), pp.105-118.

Button, Kenneth (2004), Wings across Europe, Ashgate.

Chen, F. C.-Y. and Chen, C. (2003), "The Effects of Strategic Alliances and Risk Pooling on the Load Factors of International Airline Operations", *Transportation Research*, Part E.,Vol.39, pp.19–34.

Doganis, R. (2006), Airline Business in the Twenties-first Century, second edition, Oxford, Routledge.

Doganis, R. (2010), Flying off Course, fourth edition, Routledge.

Dresner, M. and Windle, R. (1996a), Alliance and Code-sharing in the International Airline Industry, *Build Environment*, 22 (3), pp.201–211.

Dresner, M. and Windle, R. (1996b), "The economics of airline alliances", in *Critical Issues in Air Transport Economics and Business*, Routledge, pp.165–182.

Dresner, M. et al. (1995), Trans-Atlantic airline alliances: a preliminary evaluation, *Journal of the Transportation Research Forum*, 35. pp.13–25.

Gayle, P. G. (2008), "An Empirical Analysis of the Competitive Effects of the Delta/Continental/ Northwest Code-Share Alliance", *Journal of Law and Economics*, Vol,51, pp.743–766.

Gellman Research Associates (1994), *A Study of International Airline Code Sharing, Office of Aviation and International Economics*, Office of the Secretary of US Department of Transportation, Washington.

Gillespie, William and Richard, Oliver M. (2011), Antitrust Immunity and International Airline Alliances, Economic Analysis Discussion Paper.

Hanlon, P (1999), *Global Airlines*, Pat Hanlon.

Ito, H. and Lee, D. (2006), "The Impact of Domestic Codesharing Agreement on Market Airfares: Evidence from the U.S.", in Competiton Policy and Antitrust, edited by Lee, D. Elsevier.

Keiner, R.B. et al. (2009), *Airline Alliances, Anti-trust Immunity and Mergers in the United States*, www.Crowell.com.

Kleymann, Birgit and Serist, Hannu (2004), Managing Strategic Airline Alliances, Ashgate.

Lee, Darin (2006), Competition Policy and Antitrust, Elsevier.

Mercado, Felix J. (2011), *Airline Industry Mergers*, NOVA.

Oum, T, H., Park, J. H. and Zhang, A. (2000), *Globalization and Strategic Alliances: the Case of the Airline Industry*, Elservier Science, London.

Park, J. H. (1997), The Effects of Airline Alliances on Markets and Economic Welfare, *Transportation Research*, E. 33., pp.181–194.

Rhoades, Dawnal L. (2003), Evolution of International Aviation, Ashgate.

Truxal, Steven (2012), Competition and Regulation in the Airline Industry, Routledge.

Youssef, W. and Hansen, M. (1994), "Consequences of Strategic Alliances between International Airlines: the Case of Swissair and SAS", *Transportation Research*, 28A (5), pp.415–431.

Australian Competition & Consumer Commission (2006).

EU Commission (2007).

U.S. Department of Justice and the Federal Trade Commission, *1992 Merger Guidelines*.

U.S. Department of Justice and the Federal Trade Commission, *1997 Merger Guidelines*.

U.S. Department of Justice and the Federal Trade Commission, *2010 Horizontal Merger Guidelines*.

U.S. General Accounting Office (1995), *International Aviation: Airline Alliances Produce Benefits, but Effect on Competition is Uncertain*. GAO/RCED−95−99, Washington, DC.

U.S. General Accounting Office (2001), *Proposed Alliance between American Airlines and British Airways Raises Competition Concerns and Public Interest Issues*, GAO−02−293R.

U.S. General Accounting Office (2004), *Transatlantic Aviation: Effect of Easing Restrictions on U.S.-European Markets*, GAO−04835.

U.S. General Accounting Office (2008a), *Airline Mergers: Issues Raised by the Proposed Merger of United and Continental Airlines*, GAO−10−778T, Washinton, DC, May 27.

U.S. General Accounting Office (2008b), *Airline Industry: Potential Mergers and Acquisitions Driven by Finacial Competitive Pressures*, GAO−08−845, Washinton, DC, July 31.

U.S. Department of Transportation (2000), *International Aviation Developments: Transatlantic Deregulation: The Alliance Network Effect* (Second Report).

U.S. Department of Transportation (2007), *International Air Transport Association Tariff Conference Proceeding & Agreement Adopated by the Board of Governors of the International Air Transport Association*, Order 2007−3−23.

第2章

アライアンスと LCC の展開と評価

1. はじめに

1980 年代以降、各国国内市場での規制緩和の普及、国際市場での自由化とグローバル化が進展し、このもとで、市場競争が多面的な様相を帯びて熾烈化し、航空企業は、急激な市場環境の変化に対応し、戦略的行動を展開させている。航空企業の戦略的行動が市場に与える影響が強まっている。この競争的市場環境に対応する企業戦略の代表格の1つが、アライアンスである。

航空の国際市場では、基本的に、運航の権益が乗り入れ相互国の二国間でのフレームワークで取り決められる制度的制約から、国内市場と異なり、規制緩和は、逐次的、段階的に進行せざるをえない。規制緩和の波及には限度があり、国際市場での規制緩和は自由化と称されることが多い。

経営戦略についても、国際市場では、国籍条項がシカゴ条約などで定められているために、他の製造業のように企業の統合・合併による形態はとりにくい。EU など一部の地域市場を除き、基本的に、国籍が異なる航空会社同士が合併することが実質的に制限されてきた。

しかし、1990 年代以降には、EU 域内での市場統合とクロスボーダーの合併、シカゴ条約に抵触する国籍条項の緩和など、伝統的な国際航空レジームに変容が生じている。変容面は、航空交渉に関しては、二国間主義のなかで

の自由化の拡張と、EU に代表される域内での市場統合による自由化の進展との並存、戦略に関しては、域内での市場統合のもとでのクロスボーダーによる大型合併の進展と、グローバル規模でのアライアンスの展開との併存が示される。この自由化を主導するのが、米国のオープンスカイ型自由化と EU の市場統合型自由化である。2000 年以降には、EU と米国の間でオープンスカイ協定が締結され、オープンスカイのアジア市場への拡大と一部地域での多国間協定が締結されるなど、自由化は進展しつつ重層的様相を帯びるようになっている。自由化の進展にともない、従来の ATI（独占禁止法適用除外）は解除もしくは緩和の傾向をたどり、この関連で、グローバル・アライアンスも、制度的制約を克服する新たな展開の局面に至っている。さらに、自由化の深化とともに、国際的に浸透してきたのが LCC（Low Cost Carrier／格安航空会社）である。ネットワーク・キャリアの典型的なグローバル・アライアンス戦略に競争上、対抗しているのが LCC である。

　本章は、グローバル・アライアンスの経過・影響の評価と競争政策との関連について検討を行い、最後に、LCC の発展経過と、その課題と展望について言及することを目的としている。

2. 企業論の視点によるアライアンスと企業統合の属性

　長い間、航空経済・経営の研究に先行してアライアンスの研究は、多国籍企業を中心に展開されている。アライアンスの概念については、明確に確立しているわけではなく研究者によって差異がみられる。経営資源アプローチをとる主要な研究者の見解にはアライアンスについて、競合企業間で経営資源のかかわりを含む協調関係であることに、ほぼ共通の認識がみられる。従来の提携と比べると、従来のものが支配・従属支配の関係があり、戦術的な目的を帯びているのに対し、今日のアライアンスは相互対等関係にあり、戦略的目的をともなうライバル間の企業行動として特徴づけられる。

　例えば、Yoshino and Rangan（1995）は、「2 社以上の事業の特殊な面を連結する。そのコアでは、この連結は技術、スキル、あるいはそれらをベースとする製品の相互に利益ある取引を供与することによって参加企業の競争戦略

の効果を増強する取引協力である」と説明し、それに携わる3つの特徴を指摘している[1]。①提携後の独自性の維持、②得られる利益の共有と割り当てられた仕事の実行の管理、③1つ以上の主要戦略領域での継続的貢献である。また、Porter は、グローバル市場競争での国際戦略の一環としてとらえ、相互に明らかにされた目標のための長期にわたる企業間協力であり、長期にわたる友好関係としてとらえている[2]。筆者は、実態とこれら諸説の検討のうえで、アライアンスとは、「各パートナーが競争上の優位を獲得するために、独立性を維持しつつ、戦略目的をもって、グローバル規模での市場の競争条件に巧みに対応し、外部の経営資源を補完し相互利益の獲得をはかるきわめて意識的な協調形態である」と定義するのが望ましいと考える。

　これに対し、合併・買収による経営統合は、同じく企業戦略行動の1つであるが、企業の営業権ないし支配権の獲得を目的とした企業行動であり、企業経営にみるヒエラルキー的組織への組み込みの企業行動である。海外直接投資に関連し分類すると、親会社が子会社を完全所有・コントロールする方式での新設および独立企業の買収の2つを含む単独事業形態と、親会社と現地パートナーとの間で子会社の所有・コントロールが共有される合弁事業形態とに分けられる。この海外直接投資が行われる論拠については、これまで、Rugman（1981）や Buckley and Casson（1991）などに代表される内部化理論[3]や Fayerweather（1962）などに代表される経営資源移転理論[4]をはじめ、Hymer に代表される PLC 理論などの理論展開がなされている[5]。

　合弁統合は、一般的には、結束力の度合いや企業外部の経営資源の依存の度合からみて、アライアンスより高次の段階に位置づけられる。結束力としてみれば、合併統合は、アライアンスよりも上位の概念である。従来、戦略上、合併統合は提携よりも直接的に大きな効果が期待されていた。

　しかし、近年では、アライアンスは、経営統合よりも市場に対応する戦略上の効果は大きいとの評価が少なからずみられる。近年、グローバル規模で、

1　Yoshino, M. Y. and Rangan（1995）, pp.68-70.

2　Porter, M. E.（1986）.

3　Rugman, A. M.（1981）, Buckley, P. J. and Casson, M.（1991）.

4　Fayerweather, J.（1962）.

5　江夏健一・首藤信彦（1993）、塩見英治（2000）を参照のこと。

きわめて活発に展開されるようになってきたことが、理論にも影響を与えている。その背景として、次のような1980年代以降の経営環境をめぐる急激な変化を指摘できる。第1は、世界的な技術革新の急速な進展と重要ニーズの多様化・動態化である。技術革新の進展とともに市場変化が著しくなり、市場の不確実性が増して事業のリスクの拡大がもたらされた。製品ライフサイクルが短縮し、販売活動と生産活動の不適合が生じるようになった。戦略的経営は、スピードとアジリティが求められるグローバル競争戦略としての有効性をもつものとなった。第2は、グローバル規模での市場競争の展開である。これによって、市場の不確実性が増幅され、企業サイドでは、グローバル市場で競争優位を確保する戦略が求められた。多様なサービスと商品の供給に際しての経営資源と経営能力の最大限の補完による経済性の追求が重視されるようになり、戦略的経営はこれに迅速に対応できる戦略体系となった。第3は、経済協力・統合や技術協力を推進する方向での主要な国家政策の転換である。これは、欧州はもとより、中国やロシアの社会主義国、東アジア諸国においても、この面での政策の大幅な変更が行われた。米国は、反トラスト法の改訂によって、従来の企業間の一体的行動への厳しい制約を緩和し、戦略的経営の推進に影響を与えた。

　アライアンスの合併統合に対する相対的優位性は、理論的にどのように説明されるのであろうか。そのアプローチは、明確に分かちがたいが、論理を明確にするために主要なものをあえて分類整理すると次のようになる。まず、第1は、内部化理論の延長としての中間組織論を重視するアプローチである。これは、戦略的経営を市場や階層組織に対して効率的な取引として位置づける。効率的取引は、コスト節約的な取引の実現を意味する。この点での戦略的メリットは、合併企業に要する多額の資金支出の回避やリスク分担の可能性があげられる。だが、効率的取引は企業間関係を重視し、市場に対する効率的取引と企業の組織化費用の対比で企業の境界線を見極めるもので、戦略的提携の存在基盤をすべて説明する十分な根拠づけとはならない。第2は、主体的戦略行動や組織論を重視するアプローチである。組織能力や戦略ダイナミズムの観点から、市場変化に迅速に対応する多様な戦略適応とその柔軟性の維持にメリットを求める。合併企業によって独立性が喪失し潜在的シナジー効果が

低下するのを回避し、意思決定の情報や現場情報が複雑性を増し、それによって情報効率が低下するのを回避することに意義を見出す。また、コア・コンピタンスの確立の機会の増加と主体的意思決定を含めた戦略的行動の発揮を重視する。第3は、単独で戦略的事業活動を行う以上の学習の促進と価値創造を重視するアプローチである。企業は、戦略的提携による組織学習を通して、環境適応能力を高めていく。Doz and Hamel（1988）は、技術や経営資源などの相互吸収と共有による勝ち創造に重点をおいている[6]。戦略的提携は経営組織のさまざまな階層で技術や業務を対象に人的・組織的交流を高めるだけに、学習と価値創造の浸透は大きいものと考えられる。

　中間組織論を提携についての理論上での構築を行った長谷川は、中間組織論をベースに戦略的行動で補足して説得的な説明を行っている[7]。現実には、これらのアプローチの内容の要素が複合して絡み合っている。以上のほか、経営統合を回避し国益と企業利益を守る自己防衛の観点での説明もみられる。最近は、経営資源としての技術や知識が重視されるなかで、価値創造の視点にウエイトを高くおく傾向がみられるようになっている。

　アライアンスの適応性は、企業が供給する商品特性や産業組織にもよるものと思われる。機能的商品・サービスよりも革新的商品・サービスに、機能的商品・サービスでも顧客へのスピード対応が求められるものに適合性が高く、規模の経済性を重視するものよりも、ネットワーク経済が重視されグローバル競争市場に対応するものに適合性が高い。戦略的提携に株式所有がともなうことについては、2つの評価がある。これにより、パートナー間での結束力が強くなり、安定的な関係が維持されると評価される。これに対し、統合のケースと同様、関係が硬直的で柔軟な市場対応に欠けリスクが高いとネガティブに評価される。一般的には、多くの株式所有をともなった場合、少なくとも相互信頼と結束力は強まると判断される。

　以上のように、近年、多国籍企業は、グローバル競争環境での市場の不安定性の高まりのなかで、アライアンスを多く展開させる傾向にある。しかし、この増勢と並行して、経営統合は、依然として根強く展開されている。現実

6　Doz, Y. L. and Hamel, G. (1988).
7　長谷川信次（1998）。

には、主要国や主要地域での海外子会社を中心とするネットワークと、他の独立企業との戦略を中心とする外部のネットワークとが並行している。

3. 航空輸送における企業統合とアライアンスの特性

航空輸送における合併統合は、国内市場では規制緩和環境に対応して展開された戦略的経営行動の代表格の1つである。米国では、規制緩和化で、大きな合併統合の波が起こり、1980年代半ばにはそれはピークを迎え、その結果、集中化が著しく進展した。合併施策は、シカゴ学派の思潮が優勢状況のもとにコンテブルマーケット理論にも支えられてきわめて寛容に行われた。その経済効果については、過少評価も一部にみられるが、全体的には、合併動向と市場シェアの拡大とに有意の関係もあることから、大きいものと考えられる。生産性向上と国際競争力の向上に対する影響も指摘される。

欧州では、1980年代後半以降、国内規制緩和と欧州市場での自由化の進展とともに、国内企業の買収・統合やフランチャイズが進展し航空企業の再編が進んだ。これには、企業にとって、3つの戦略の意義があったといわれる[8]。①自国市場での支配力の拡大、②欧州市場での競争優位の地歩を強化、③グローバルマーケティングの拡張と展開である。

これらの国内航空の合併統合は、国際競争力を強化するうえでプラスの効果があったといえる。国内市場の規制緩和の影響下で、国内市場と国際市場の融合が起こり、やがて国内市場での合併統合の波が国際市場のそれへの波及とするのが、常軌のコースである。だが、それは、国際航空市場では起こらなかった。二国間協定による運輸権の制約や外国人の所有とコントロールの制限がその障壁となった。国際間の合併統合は、限られた条件のもとで、きわめて少数の事例が存在するにすぎない[9]。それらは、ほとんどが国営航空企業の主導により政府支援のもとで行われ、地域的には隣接の航空企業に限定されたコンソーシアムを形成している点に特徴がある。これは、一般の多国

8　Doganis, R. (2006), p.75.

9　それらは、スカンジナビア地域でのSAS、中東地域でのガルフ・エア、西インド諸島でのLIATなどに事例が示される。

籍企業にみられる全面的に民間主導によるグローバルなクロスボーダーでの結成の態様とは異なる。

国際航空領域では、1980年代後半に自由化政策のなかで市場の拡大をはかった一部大手航空企業が、その後の1980年代末に、主要路線で提携を形成し、1990年代に入って、グローバルなクロスボーダーのアライアンスを急速に展開させるようになった。

今日、支配的なアライアンスは、競合路線か異なる路線間でのライバル企業相互での資源の補完、グローバル市場での協調といった形態に特徴づけられる。従来の多くがそうであったように、一定地域内の並行路線で取り結ぶ関係か主従の関係での連携形態とは異なる。また、Tretheway (1990) によれば、戦略的な意味をもつアライアンスは、ネットワーク範囲での活動について一体化し同化したマーケティング実体に特徴づけられるとしている[10]。利用者に対しては、全アライアンスのネットワークについてシームレスの便益を享受させることが最終目標となる。その主要な属性を、共同のマーケティング実体と包括的占有のメンバーシップに求めている。ここでは、広域でのネットワーク範囲、マーケティング活動の一体化、結束の限定性が重視されている。Doganis (2001) は、アライアンスの進化のプロセスを示し、到達点として、共同の商品開発、フランチャイズ、機材・クルーの緊密なシェアを含む包括的連携、JV志向、単一のブランド形成の属性を指摘している。

国際航空輸送の戦略的アライアンスには、特徴点として、次のようなものを指摘できる。その第1は、水平的連携が中心であり、ネットワークを軸に経営資源の相互補完が行われ、対等な提携関係が構築されていること、主要なもののほとんどが、広域での膨大な数の路線を対象とするコード・シェアリングをともなっている点である。水平的連携に関しては、それも単純なものではなく、パートナーがお互いに貨客や他の種類のビジネスを提供しあうという点で、やや垂直的な性格を帯びているとの見方もある。第2は、パートナー間での情報の共有と高度な情報技術の活用によって、大きなマーケティング効果が発揮されている点である。ネットワークの規模を生かしたコード

10　Tretheway, M. (1990), pp.357-367.

シェアと、情報技術を駆使したマーケティング・ミックスコンポーネントとの相乗効果が期待される。第3は、二国間主義の体制下での第5の自由の確保の制約やカボタージュの制約のもとで、それを克服するいわゆるバイパス機能として、市場アクセスや空港施設へのアクセスを容易に獲得する手段となっている点である。以上のように、アライアンスは、制度の枠組みのなかでの自由化の拡大によって支えられている側面と、その制度的な制約があるが故に展開される側面とを併せもっているといえる。

　以上でみたように、アライアンスの増勢が国際制度的な制約によって生み出されていることは否定できない。企業の戦略の効果の点では、合併統合が最善の策であって、アライアンスがこれの次善での代替をなす見方が多いように思われる。しかしながら、全面的に次善の策とは言いきれない側面も指摘できる。国際航空の提携の経過についてサーベイを行った Airline Business 誌の調査によれば、株式所有をともなった件数の全体を占める割合は、1994年で約20％、1997年で約15％で、経過的に低下傾向が示されている[11]。

　これは、統合合併への志向との乖離を意味するものであろうか。制度的な障壁のみが強調されてはならない。現行の制度のもとでは、株式所有をともなっても関係が破綻しているケースがあり、株式所有は、必ずしも、長期安定的な関係を持続する担保になりえていない。柔軟な市場対応には、固定的ではない柔軟な関係の取り結びが志向される。とはいえ、一方、制度的限度内ではあるが株式所有をともなって信頼と結束を固め、一体的な企業行動により成果をあげている事例も一部でみられる。本質的には、国際的制度の展開や各国の政策に左右される市場の流動性と不安定性が、企業をして固定的な資本投資のリスクを回避させているように思える。社外の不確実要因には、マクロ経済変数をともなう経済環境、競争企業の反応などを含む市場の反応、第三者の責任、政府当局と制度などがあるが、航空輸送ではとりわけ政府当局と制度によって影響を受ける部分が大きいといえる。

　ほかの主力産業がアライアンスと合併統合とを並存的に展開させている状況から、航空についても、完全自由化の枠組みへの移行などを条件が揃うこ

11　Airline Business (1997) June, pp.25-26.

とによって、株式所有の比率は高まり、一部、合併統合が大きく進展するものと想定される。同じ交通産業でも、海運の場合は、自由市場のもとで、アライアンスが増勢であるが、合併統合も継続して行われている。

4. アライアンスと企業統合の経済的合理性

　経済効率からみると、航空輸送の場合、企業の合併統合とアライアンスには、ほぼ同一の動機がみられる。長い時間と事業リスクをともなう成長に代替する、低いコストでの迅速なネットワークの獲得が優先される。これへのアクセスの手段としては、合併統合にもアライアンスも同一である。アライアンスは、より迅速で柔軟な対応ができる点と、固定費負担を回避し変動費に転嫁し、リスクを最大限、回避できる点に相対的優位性がみられる。

　大手の国際航空企業は、単一企業では、費用節約には限界がある。運航費の単位コストは中小規模のそれより低下されることはできない。優位を獲得するためには、差別化やマーケティング・アドバンテージを追求するか、アライアンスによるコスト節約を追求するしかない。Porter の経営戦略の企業類型では、差別化戦略の類型に属する[12]。戦略的提携は、単一企業で克服できないマーケティングの優位性の確保とオペレーションと調達のコストの節約をもたらす。総じて、外部経営資源の活用とネットワークの拡大によって、より少ないコストで、既存市場のさらなる拡大と、新たな市場獲得の機会が生み出される。

　供給のコスト制約のインセンティブは、Brueckner and Spiller（1994），Keeler and Formby（1994）によって指摘されている[13]。Doganis（2001）はコスト面で

12　戦略的優位性は、当該産業の全体規模で適用される差別化のタイプと、全般的なコスト・リーダーシップのタイプ、特定の市場セグメントで適用される集中のタイプに大別される。航空企業では、大手のネットワーク企業が差別化タイプ、低コストの LCC がコスト・リーダーシップのタイプ、インテグレーターや旅行チャーター企業が集中のタイプに属すると考えられる。Show, S.（2000），pp.81–88.

13　Brueckner, J. K. and Spiller, P. T.（1994），pp.379–415.

の次のような4つの効果を具体的に指摘している[14]。①路線数が一定のネットワーク上の需要密度が増加してロードファクターが向上し、機材の稼働率の向上と最大限の有効活用によってコストが低下する。これは、需要密度の経済性の発揮である。②パートナー間でのコストシェアのシナジー効果が発生し、結果として全体のコスト低下が低下する。これは、路線の合理化策などによって、運航業務面とマーケティング業務面の双方において相乗的に生み出される。③パートナーの一方は、相対的に低コスト構造の他方のパートナーのオペレーションから人件費等について便益を得て、全体コストの低下を実現できる。④情報投資や機材投資で連携を行う場合、購入の際の規模の経済を生かし投資コストを節約し、あるいは高い固定費についてシェアを行って全体コストを節約できる。

　需要サイドの収入面では、利用者に対するオンライン運航の機会の拡大と、より魅力的なFFP利用の機会の強化や、それによる需要の増加と運賃増収の効果が獲得される。実質的には、コスト削減効果によるマーケティング効果の方が大きいとの見方もある。また、Levine（1987）は、統合ネットワークによる収入増加の効果を強調している[15]。

　以上の利点は、すべてのケースにおいて生じるわけではない。選択のプロセスやパートナーの選定、適切なタイミングなどを誤ると、かえってリスクが増大し、結果的にコスト負担増と収益低下になることが指摘される。とくに、提携IT統合のコストとFFPポイントのコストの増加の点でリスクが発生しやすい状況にあるといえる。

　以上のように、アライアンスは、国際航空領域では、自由化の進展とともに進化してきたといえる。アライアンスに関しては、現在に至るまで、さまざまな領域で検討がなされてきている。研究領域では、表2-1でみるように、構造的分析から本質的側面の考察を含む幅広い取り組みが行われている。アライアンスの本質と性格については、今日では、研究系列のなかでも、不完全市場の代替的取引形態や所有に依拠しない支配の一形態もしくは、投資の新形態としてとらえる内部化理論、市場でも統合でもない中間取引形態や長

14　Doganis, R.（2006）, pp.91-95.
15　Levine, M.（1987）, pp.393-494.

第2章　アライアンスとLCCの展開と評価　31

表2-1　アライアンス研究の変遷

	分析のアプローチ	分析結果
オスター・ピックル （1996年）	概念認識	50社のほとんど大手企業が1985年までにほかの大手企業とコード・シェアリング協定を締結している。
パスティ （1992年）	概念把握	次の点で真のグロバリゼーションの遂行の立証；インフラ制約、輸送権、フラッグ・キャリアの外資所有、独占禁止法、グローバル企業の出現を阻止する政府干渉の脅威。
ゲルマン調査連合 （1994年）	概念調査	2つの大西洋路線地域でのアライアンス；BA／USエア、KLM／NW。4分の1。純利益の点で、BAとKLMとの提携のすべての企業がほかの企業より増加している可能性。
ヨセフ・ハンセン （1994年）	ケース・スタディ、単純線形回帰	スイスエア・SAS。1989-1991年、2年間。運航便数の増加；運賃水準の変動、最も良好なサービス水準は最低レベルの運賃の増加をもたらす。アライアンスの衝撃の破滅的性格をも指摘。
US General Accounting Office （1995年）	主要な代表的な人々への徹底的なインタビュー	KLM／NW、USエア／BA、ルフトハンザ、UAL／アンセット、UAL／BMアイドランド。1994年、1年間。5つのすべてのアライアンスが産業の成長をしない競争相手企業の犠牲のもとで収入と輸送量を増加させている。
ドレスナーほか （1995年）	経験的・実証 カテゴリー変数	コンチネンタル／SAS、デルタ／スイスエア、KLM／NW。1987-1991年の4年間。輸送量について半ば成功の共通点—米国と欧州間では株式所有をともなう提携の制約。一般に、アライアンスはパートナーに便益をもたらさない。
ドレスナーほか （1995年）	概念把握	初期のアライアンスの調査は航空企業にほとんど便益をもたらしていないことを観測しているが、後の調査は、ライバル企業の犠牲のうえで輸送量を改善していることを示している。
パーク （1997年）	推計経済モデル	KLM／NW／デルタスイスエア／サバナ航空のパネル・データ。1999-1994年の4年間。補完的アライアンスは航空運賃を低下させるが、並行的アライアンスは運賃を増加させる。

出所）Lawton, Thomas C.（2007）, p.327.

期的取引関係としてとらえる中間組織論などが支配的である。主要な理論は、経営資源との交換と補完の活用による価値の最大などに注目する資源ベースの理論と、限定合意理性と機会主義を前提に市場における取引コストを節約し、さまざまなコンティンジェンシーに備えることに注目する取引コスト理論の系列に示される。

　一般的に、アライアンスは、特定の経営資源を強化・補完するために、外部の企業とリンケージを行うことを意味するといえるが、その概念については、明確に確定しているわけではない。筆者は、アライアンスを概念づける

一連の要素のなかで、長期的な戦略志向と戦略的目的の共有、情報や利害の共有を含む相互対等関係の構築と相互補完的利益の獲得、といった要素がとくに重要なものだと考えている。アライアンスは外部経営資源の相互・補完によって競争優位を獲得するための提携であり、市場環境の変化が激しく、需要の予測が困難でもあることから、市場の不確実性をふまえて単独での過大な投資負担を回避し、コストレスで収益性の確保を図る、いわばリスク共有策としてとらえるのが妥当と考える。アライアンスは航空輸送に固有なものではない。しかし、航空輸送産業のアライアンスには他産業のそれとは異なる。次のような点で主要な特質が示される。それらは、制度の制約と戦略優位の固有の要素にもとづいている。

　第1は、現行の国際航空制度下では、統合・合併による多国籍企業化での事業展開、クロスボーダーでの単一企業でのグローバル・ネットワークの構築は、基本的に妨げられており、カボタージュ権（国内輸送権）の禁止、外資制限などにも壁があるが、これらの克服策として、グローバル規模での戦略的アライアンスが求められている。供給サイドでは、ネットワークのリンケージにより、平均飛行区間距離の増加、運航便数の増加、機材稼働率の向上、集中管理の向上などを通して密度の経済性と範囲の経済性を生じ、競争の優位性が発揮される。利用者にとっては、世界の多くの空港目的地へのアクセスの機会が拡大し、オンライン・サービスによる利便性も拡大する。

　第2は、ネットワークを軸に経営資源の相互補完が行われるが、有効な戦略手段としてコード・シェアリングが積極的に活用される点である。それとともに、高度な情報技術の共有、もしくは共同利用を媒体に、大きなマーケティング効果が発揮される。大規模なネットワーク構築のためには、ネットワークを含め経営資源の不足を速やかに補完することがとくに重視され、アライアンスは、その要請と合理性にかなうとされる。また、国際市場では、不確実性が増しており、この点で、アライアンスは統合・合併よりも取引費用を軽減し、過剰な投資も回避できる可能性が高い利点が示される。補完的路線網を有するパートナーと対等な協調関係が成立し、効率的な運航体制が構築される。それを達成する有効な戦略手段の核を形成するのが、コード・シェアリングである。コード・シェアリングは、提携の企業間でお互いの運航便に

相手方の便名（Code）表示を認め、双方が自社便としてネットワークを拡大し、効率的運営と販売力を強化しようとするものである。情報面では、GDS がその中枢機能を担い、それの活用によって便数調整、運賃設定、予約業務、運行業務管理のほか顧客情報管理を含むマーケティング戦略が展開される。マーケティング戦略のなかで、GDS のピギーバックによって機能発揮される FFP は、消費者のローヤリティを高め収益を増加させる戦略でとくに重視される。そのほか、混雑空港へのアクセス獲得なども一定地域では、重要な戦略要素となる。これまでの研究分析は、表2-1のように、概して、アライアンスに対して、ポジティブな分析結果を指摘している。

5. 競争の制約が起こりやすいケースについての考え方

　一般的に、アライアンスが反競争的のリスクを高めるのは、パートナー相互の空港の路線間で、事実上の独占、寡占を形成し市場支配を強める場合であるとの指摘がなされる。合衆国内と同様、集中化の著しい促進は、企業の共謀のリスクを高め、スロットと空港のキャパシティの支配を通して新規企業の障壁とする可能性をもたらすからである。Youssef and Hansen（1994）の研究では、スイス航空と SAS とのハブ空港間での主要路線で競争維持がなされ、提携していない直航路線の運賃より、この提携している直航路線の運賃のほうが高かったと指摘している[16]。

　しかし、以上の反競争のリスクは、国際路線で普遍的に適用できるわけではない。その理由の1つは、ほとんど多くのアライアンスが、異なる市場エリアを有し、補完的ネットワーク集合から構成されているからである。反競争のリスクがあっても著しいものにはならないとされる。第2は、たとえ、ハブ空港で弊害がでても、通し路線で競争が拡大し全体で運賃が低下する効果がもたらされることが多いからである[17]。そのためには、両路線間でのトレードオフ関係を評価することが必要になる。規制当局は、ハブ空港経由の通し運賃についての競争力を損なわないで、混雑したハブ空港発着の路線でそれ

16　Youssef, W. and Hansen, M.（1994）, pp.415-431.

17　Brueckner, J. K. and Whalen, T.（2000）.

らの航空会社が行使する市場支配力をいかに抑制するかの、ジレンマに直面することになる。

ハブ空港支配で反競争の弊害が起こりやすいのは、次の2つのケースである[18]。1つは、大多数の旅客がハブ都市に起着点をもっているハブ空港間市場で参入が著しく制限されている場合か、代替路線が遠回りでトリップ時間をかなり要する場合である。2つ目は、欧州市場で多くみられる運行時間、約2時間以下の路線であり、乗り換え経由便でのアライアンスの締結による競争の低下である。このような路線ではもとより、便利な頻繁な接続はあっても、1−2時間余計にトリップ時間を要し、競争力低下による接続便の減少は、消費者の便益を損なう。

近年、主要国の政府は、規制緩和と自由化の推進に取り組むとともに、アライアンスや経営統合による市場支配力の強化に関心を払い、それに対し、競争政策などを講じるようになっている。こうした競争阻害に対処する競争政策について、これまで、少なくとも1990年代までは、米国当局と欧州当局とでは差異が指摘される[19]。

6. グローバル・アライアンスの形成と展開

以上の性格を有するアライアンスは、自由化の経過に従って段階的に進化し、市場での支配力を拡大していった。国際航空市場でのアライアンスには、前述した規制緩和と自由化の進展にともなって、進化の経過がみられる。

第1期は、国内規制緩和の進展を背景として、主として米国国内において、1980年代の前半から後半にかけてのメジャー航空会社とリージョナル航空会社の間でのアライアンスの進展である[20]。アライアンスによって、メジャー航空会社は、リージョナルなコミューター航空会社が就航する低需要密度の路線へのサービス提供が可能となり、リージョナルなコミューター航空会社にとっては、メジャー航空会社の運航路線のへのサービス補完が可能となった。

18　Doganis, R. (2006), pp.105−110.

19　Ibid. pp.94−97.

20　Ito, H. and Lee, D. (2006), pp.141−161. 塩見英治 (2006)、192−194 ページ。

これにより、それぞれの航空会社は、機材の就航路線の需要規模への対応によって効率性を向上させ、需要を培養効果によって拡大させることができた。

第2期は、米国の最初の自由化協定モデルの影響のもとに、国際市場での一定地域を対象に、ブロックスペース、もしくは単純なコード・シェアリングが展開される1980年代の半ばから1990年代初めにかけての時期である。1986年のエア・フロリダとブリティッシュ・アイランドのアライアンスは、国際市場でとり結ばれた最初のアライアンスとされる。コード・シェアリングをともなっていたがシンプルであり、一部、ブロックスペースの性格を帯びていた。1980年代の後半以降に、国際市場でのアライアンスが続くのであるが、アメリカン航空とカンタス航空とのアライアンス、デルタ・スイスエア、シンガポールの間で複数国にまたがるアライアンスなどが代表的に示される[21]。いずれも、コード・シェアリングをともなっており、後者は、包括するネットワークとしては限定されるが、今日のグローバル・アライアンスの原型としても位置づけられる。

第3期は、米国のオープンスカイの本格的展開とEUの自由化の進展を背景に、主要な国際市場路線で広範なコード・シェアリングが取り交わされ、本格的なグローバル・アライアンスが展開する1990年代半ば以降の時期である。1992年のKLMとノースウエスト航空とのアライアンスは、大西洋路線という主要国際路線に就航する企業相互による最初の協定である。広範なコード・シェアリングをともなっており、その翌年には、DOTからATIを取得し、それによって、大西洋路線を対象に、緊密な運航調整、収入配分を実現する経過をたどっている。この協定は、大西洋路線のみならず、相互に欧州・北米市場への多くの便数での運航を実現させ、その後に追随するこの種のアライアンスのトレンドセッターとなっている。1997年には、ユナイテッド航空、ルフトハンザ航空、SAS、エアカナダ、タイ国際航空によってスターアライアンスが結成された。これは、最初の本格的なグローバル・アライアンスとされる。次いで、1998年に、スイス航空、サベナ航空、トルコ航空、リベリア航空、TAPエア・ポルトガルによってグローバル・アライアンス・グループ

21　塩見英治（1993）、391-405ページ。

としてのクアリファイヤーが誕生した。これに、同年、アメリカン航空、BA、カンタス、キャシー・パシフィックから構成されるワンワールドの結成が続く。さらに、その翌年には、デルタ、エールフランス、アエロメヒコから構成されるスカイチームの結成がなされ、これによって、1999年までに、4大グローバル・アライアンスが出揃うこととなった。これらのアライアンスは、いずれのグループにあっても、米国と欧州の航空企業によってリードされている。

　その後、グローバル・アライアンスは、グローバル・ネットワークのさらなるカバレッジのために、加盟企業を増加させ、グループ再編の経過については、スターアライアンス、ワンワールド、スカイチームの3大グループに収斂されるに至っている。各グループについてみると、加盟企業数では、スターアライアンスが26社で最大で、次いで、スカイチーム12社、ワンワールドの11社の順になっている。旅客収入ベースでの市場シェア（2008年）では、スターアライアンスが29.3％、次いで、ワンワールド23.2％、スカイチーム20.6％の順になっている。各グループの地域別の輸送実績では、スターアライアンスでは、米国のユナイテッド航空とコンチネンタル航空、欧州のルフトハンザ航空、アジア・大洋州のシンガポール、中国国際航空、全日本空輸が、スカイチームについては、米国のデルタ航空、欧州のエールフランス、アジア・大洋州の大韓航空、中国南方航空が、ワンワールドでは、米国のアメリカン航空、欧州のブリティッシュ・エアウェイズ、アジア大洋州では、カンタス航空、キャセイパシフィック航空がそれぞれ主導的な役割を果たしている。なお、2013年時点の3大アライアンスの構成の概要は、表2-2のとおりである。

　アライアンスは、従来よりも安定性を増しているとはいえ、安定性が十分に備わっているわけではなく、米国でのメジャー企業の合併統合にともなうメンバーの離反なども一部に生じており[22]、今後もグループの再編が続くこと

22　最近の典型例としては、ノースウエスト航空がデルタ航空に吸収合併されることが決定したことをうけて、コンチネンタル航空は従来のスカイチームから離脱し、2009年にスターアライアンスに加入したことがあげられる。その翌年にはユナイテッドと経営統合する経過をたどっている。

が予想されるが、さらに収斂化方向をたどるものと思われる。

7. グローバル・アライアンスの具体的意義と問題の所在

　コード・シェアリングを中心にとり結ばれたグローバル・アライアンスは、航空会社と利用者の双方に、利得と便益をもたらすと考えられる。航空会社の観点では、ある一定の都市に直航便を運航するのに利益が計上できないとしても、連携の運航によって利益を計上し運航することが可能とある。ネットワークの連携、スケジュール調整などによって、航空企業には、密度の経済性によるコストの低下と、需要培養の効果がもたらされうるからにほかならない。利用者には、運航便の選択オプションの拡大、乗り継ぎの利便性、コスト低下にもとづく運賃低下による便益がもたらされる。

　ほかに、グループでの同一ターミナルの使用によるコード・シェアリングのための接続時間の短縮、チェックインカウンターとゲートおよびラウンジの共用による費用節減などがある。同一ターミナルの使用は、手荷物の紛失、遅延などの機会の減少をもたらす。加えて、ジェット燃料や機材の共同購入による割引の利得もある。さらに、広範なネットワーク利用でのFFAのポイント加算の機会の拡大といった利点があげられる。

　しかしながら、その利便性と利得の獲得にかなうアライアンスの成功のためには、シームレスなサービスの確保と共通のITプラットホームの構築が前提となる。

　消費者の便益は、概して以上のようになるが、アライアンスによる利便性は、連携のネットワークの形態に依存する[23]。アライアンスによる消費者の利便性の多くは、補完的なネットワークの連携から生じる。補完的なネットワークは、旅客にとって、提携する会社のそれぞれのネットワークを乗り継ぐか連結して利用する形態のネットワークを意味する。旅客は、締結する会社間での運航調整にもとづいて、ゲートウェイまたはハブ空港での接続時間の低減

23　Park, J. H.（1997）は、補完的アライアンスでは料金低下が生じているのに対し、ゲートウェイ間の並行的アライアンスでは料金が上昇することを実証的に示している。pp.181-194.

表2-2 3大アライアンスの概要 （2013年度現在）

アライアンス＼項目	加盟航空会社	従業員数	機材数	年間搭乗者数	一日あたりの就航便数
STAR ALLIANCE	ユナイテッド航空／ルフトハンザ航空／エア・カナダ航空／スカンジナビア航空／タイ国際航空／ニュージーランド航空／全日本空輸／シンガポール航空／オーストリア航空／アシアナ航空／LOTポーランド航空／USエアウェイズ／アドリア航空／クロアチア航空／TAPポルトガル航空／南アフリカ航空／スイスインターナショナルエアラインズ／中国国際航空／トルコ航空／ブリュッセル航空／エーゲ航空／エチオピア航空／アビアンカ航空／TACA航空／コパ航空／深圳航空／エバー航空　　　　　　　　　計28社	460,238人	4,701機	72,742万人	21,900便
SKYTEAM	デルタ航空／アエロメヒコ航空／エールフランス／大韓航空／チェコ航空／KLMオランダ航空／アエロフロートロシア航空／エア・ヨーロッパ／ケニア航空／中国東方航空／アリタリア-イタリア航空／タロム航空／ベトナム航空／チャイナエアライン／中国南方航空／厦門航空／アルゼンチン航空／サウディア航空／ミドル・イースト航空　　　　　　　　　計19社	452,590人	4,328機	56,900万人	15,000便
oneworld	アメリカン航空／ブリティッシュ・エアウェイズ／キャセイパシフィック航空／カンタス航空／フィンランド航空／イベリア航空／イラン航空／日本航空／ロイヤル・ヨルダン航空／S7航空／エア・ベルリン／マレーシア航空／カタール航空　　　　　　　　　計14社	317,028人	約2,500機	33,000万人	8,500便

出所）各アライアンスのHP資料による。

就航都市数	就航国	特　徴
1,382ヵ所	195ヵ国	スターアライアンスには、2013年12月現在、11社ものヨーロッパ系航空会社が加盟している。西欧はルフトハンザドイツ航空、スイス航空など、東欧はLOTポーランド航空やクロアチア航空、北欧はスカンジナビア航空やブルーワン航空、中東寄りのヨーロッパはトルコ航空のように、ヨーロッパの全域が、スターアライアンスのエアラインでカバーされていることがわかる。 　ヨーロッパ内での移動、もしくはヨーロッパ発着の旅程を立てる際には非常に便利なスターアライアンスである。また、アドリア航空、エーゲ航空のように、中規模のヨーロッパ系加盟エアラインが多いこともあり、数多くの中・小規模の都市へも就航している。 　また、アジアでは計7社が加盟しており、ワンワールド（3社）、スカイチーム（5社）に比べ、東アジア、東南アジアへの路線網が充実している。
1,024ヵ所	178ヵ国	スターアライアンスやワンワールドに比べると、スカイチームでは一般的に「料金が安めの航空会社」が目立つ。チャイナエアライン、大韓航空、アエロフロートロシア航空、ベトナム航空、中国東方航空など、格安航空券や格安パッケージツアーでよく利用される航空会社が加盟している。リーズナブルに利用できる航空会社多いので、スカイチームは「格安旅行者にピッタリの航空連合」と言っても過言ではない。 　デルタ航空とノースウエスト航空が1つになったこと、コンチネンタル航空がスカイチームを抜けたことを理由に、2013年12月現在、アメリカ本土方面へはデルタ航空1社のみになっている（チャイナエアラインの関空〜ニューヨーク線、大韓航空のソウル経由などを除く）。1社とはいえ、日本〜アメリカ間では、デルタのネットワークが最大になっているため、日本からアメリカ各方面へ行くことができる。 　2011年6月には中国の中国東方航空が、9月には台湾のチャイナエアラインが加盟し、北アジアのネットワークがさらに拡大した。2012年5月〜6月には、中東からは初めての航空連合加盟となる、サウディア（サウジアラビア航空）とミドルイースト航空（中東航空）が加盟し、中東での存在感が増した。2012年8月には南米のアルゼンチン航空が、2012年11月には中国の廈門航空が加盟し、南米・北アジアでのネットワークが改善された。これからも、2014年には、ガルーダインドネシア航空も加盟する予定で、スカイチームの成長はしばらく続きそうである。
850ヵ所	150ヵ国	ワンワールドの特徴として、「比較的料金が高めの航空会社が多い」ことがある。例えば、アジアでは日本航空やキャセイパシフィック航空、ヨーロッパではフィンランド航空、オセアニアではカンタス航空など、他社よりも高めになる航空会社が多いのが現状である（時期やチケットの種類によって例外あり）。例えば、アジア方面へは、スカイチームの大韓航空やチャイナエアラインなどが安い中、ワンワールドのJALやキャセイパシフィック航空は高めな航空会社が多い（例外あり）。そのため、料金重視の方には、ワンワールドはあまり向いていない航空連合と言うこともできる。しかし、ワンワールドには世界各エリアのフラッグキャリアが加盟している。ヨーロッパでは英国航空、アメリカではアメリカン航空、オセアニアではカンタス航空というように、各エリアで広大なネットワークを持っている航空会社が集まっている。 　現在ワンワールドは、スターアライアンス、スカイチームから引き離されている感じがあるもの事実である。しかし、2010年にはロシアのS7航空が、2012年にはドイツのエアベルリンが加盟し、ヨーロッパのネットワークが拡大された。2013年2月にはマレーシア航空が、2013年12月はカタール航空が加盟し、アジア・中東でのネットワークが拡大された。これからは、2014年に、南アジアのスリランカ航空、南米のTAMブラジル航空が加盟することにより、ワンワールドのアジア・南米でのネットワークがさらに広がる予定である。

といった便益を享受することができる。

これに対して、ゲートウェイとゲートウェイの間を結ぶネットワーク、パラレルなネットワークでの連携については、注意深い精査が求められる。提携する会社のそれぞれのゲートウェイでの市場支配力が高いケースでは、競争が制限され、運賃が高くなる潜在的な可能性が高まるからにほかならない[24]。ましてや、当該のアライアンスが独占禁止法の適用除外の対象となり、これによって、共同での運賃とキャパシテイの設定が可能になれば、その潜在可能性は高まる。しかし、これまでのところ、実態的には、そのネガティブの顕在的な影響は少なく、図2-1のように、相互補完的で、むしろ、全体の便益は向上していると評価される[25]。この理由としては、オープンスカイによる効果との相乗性はあるが、一般に、ゲートウェイ間でのネットワークでの、相互の高い市場支配力による潜在的に高い運賃も、相互のハブを経由するネットワークの培養からの密度の経済性によって相殺され、結果として、運賃は

図2-1　ネットワーク形態に依存する競争効果

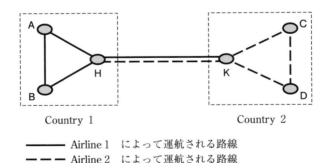

Park（1997）等による並行的アライアンスと補完的アライアンスの区分による分析
出所）Macario and Van de Voore edit. (2011), p173.

24　Youseff and Hansen (1994) は、市場支配力の高まりをもとに、直航路線での運賃上昇を指摘している。pp.415-431. Brueckner, J. K. and Whalen, W. T. (2000) は、わずかながらの上昇がみられるが、問題となる数値ではないとしている。pp.527-543.
25　Brueckner, J. K. (2003), pp.105-118.

高くならないことが考えられる[26]。Wan et al.（2009）は図 2-1 の H, K のハブ間運航で、① Airline 1 と Airline 2 によるアライアンスなしで H と K のハブ間を運搬する。②パラレルなネットワークでアライアンスを形成するが運賃を共同設定しない。③企業間の協調はしないで、共同運賃設定を行う。④企業間協調を行い、共同運賃設定を行う。という 4 つのシナリオを示している。政策的には、相殺効果を上回るマイナス効果をもたらす場合には、ハブでのスロット割譲、ATI の制限などの措置がとられている。米国では、オープンスカイによる総合便益を勘案し、オープンスカイの締結の当事国のアライアンスについては、概して ATI を容認する方向が示されるが、これとて、包括的な承認ではなく、ケース・バイ・ケースの裁定によっているのは、以上の理由からである。

　グローバル・アライアンスは、参加企業サイドからみると、競争優位の獲得の点での利点があるが、大手企業レベルでは、参加企業と非参加企業との競争力の格差を促進するものと思われる。さらに、アライアンスの進展は、ITシステムの共用・連携の共有の深化をともなう。アライアンス・グループは、恒久的な不動の存在ではない。競争の進展にともない、グループ再編を生じる。グループ再編には、IT システムの再構築のための大きなコスト負担を回避できない問題が付きまとう。いわばスイッチング・コストにあたり、アライアンスの深化にともない、これが企業情報の流出リスクの回避とともに、大きなグループ間での企業の移動を妨げる要因になると思われる。

　なお、2016 年 5 月、バニラ・エアを含むアジア太平洋地域の大手 LCC8 社がバリュー・アライアンスを設置することを発表した。相互に乗り継ぎの利便性を確保する、などを目的としているが、今後の動向が注目される。

8. LCC の概念とモデル

　欧米では、1990 年代以降、規制緩和と自由化の進展とともに、LCC と称される新たなビジネスモデルを有する航空会社が躍進するようになっている。

26　Dresner, M.（1996）, p.175.

LCC は一般に、低費用航空会社、Low Cost Carrier のことで、広い意味では、既存の航空会社よりも低費用でかつ低運賃で、航空サービスを提供する会社である。LCC の市場シェアを 2011 年についてみると、米国市場では約 3 割を占めており、欧州市場では 36％を占めるに至っている。アジア大西洋地域は、欧米に比較して、発展途上国が多く伝統的規制も残っていたことから、その発展は鈍いと推定されていたが、規制緩和の急展開と急激な経済発展によって急速に躍進し、大きなシェアを占めるに至っている。とくに 2000 年以降、大きく伸びを示している。アジアでは、2014 年に供給座席のシェアで 5 割程度を占めるに至っているが、北東アジアでは 1 割程度に留まる。LCC の進出はこのほか、いまや、中南米、中東を含め、世界的な潮流となっている。LCC は、航空の規制緩和と自由化の落とし子でもある。これを背景に市場環境に適合させるビジネスモデルを定着させ、航空市場の構造と競争に大きな影響を与えている。したがって、今後の航空政策や空港政策の方向性を考えるうえでも、その動向と行方をとらえることが肝要になっている。

　こうした動向のなかにあって、日本でも遅ればせながら本邦初ともいわれる LCC の本格的スタートをきった。これまで、アジア周辺国 LCC が進出していたが、日本では、本格的な LCC は誕生していなかった。LCC の成長は、成長戦略の一環としてとらえられ、2012 年になってようやく本格的な LCC への取り組みがみられるようになった。これには 2000 年に制度的に着手された規制緩和の進展、2010 年の日米オープンスカイによって本格化するオープンスカイ政策の展開が背景にある。わが国のこれらの LCC は、展開には空港キャパシティなどが前提になるが、大手子会社系と独立系の 2 系統、大型空港を拠点に運行する点に特徴を見いだせる。スタート時の LCC は、成田国際空港を拠点にするエアアジア、ジャパンジェット・スター、関西国際空港を拠点にするピーチ・アビエーションの 3 社である。いずれも、2012 年中に就航開始を果たしており、世界のなかで立ち遅れた本格的なスタートであるといえる。LCC の展開は、いわば世界の潮流となっている。その発展が期待されているが、その成長には、対抗の公共交通機関の整備との調整、空港改革を要するなどその課題は多いといえる。

　これまで、LCC については、Graham and Shaw（2008）、Mason（2001）、

Doganis（2006）、O'connell and Williams（2005）、Whindle and Dresner（2007）
などによって分析されているが、その多くが、その現象と概念、影響、既存
企業との相互作用などの分析に向けられている。ただし、学術上、LCC につ
いて明確な定義は厳密に確立されているわけではない[27]。LCC は，格安航空会
社、バゼット航空会社、ディスカウント航空会社と呼ばれたりするが、低費
用、低運賃で、フリルサービスなしの、つまり付帯的なしのサービスを提供
するという広義での見方は一致している。

　しかし、このような見方ばかりを強調してはならない。多頻度、高生産性
もあげられる。販売面、サービス面も注目しなければならない。安全性や定
時制などを、高いコアバリューにおいてオペレーションしている面もみられ
る。典型的な代表企業では、比較的近距離の路線で、低運賃・多頻度の定期
サービスを提供する会社であるとされている。既存企業との競争関係、相互
作用にも関心を払う必要がある。米国では、規制緩和の初期の頃、ピープル・
エキスプレスのように、ひたすら、運賃が格安の航空会社が登場し、競争で
敗退していったのであるが、今日 LCC は、マーケット・オリエンテッド[28]、コ
スト・リーダーシップ[29]の戦略上の優位性と関連してとらえねばならない。基
本的には、戦略性を有するビジネスモデルの特徴をもった航空会社として位
置づける必要がある。一般的には競争力を特徴としているが、この関連で、
塩見は、M.Porter が主唱するコスト・リーダーシップを重視しているが[30]、欧
米の優良企業では大手が就航しない 2 次空港を拠点にポイント・ツー・ポイ
ントの運航を基調とし、需要を掘り起こしていることから、この面にも注目
しなければならない。

　LCC の展開は、表 2-3 のように、ビジネスモデルに特徴づけられる。しか
し、LCC の戦略パターンには、時間経過や発展の経過によって一部変容して
いるもの、設立当初からネットワーク企業に類似しているものなどさまざま
なものがあり、また立地的に大型の拠点空港で運行をするものが多いアジア

27　Mason, K. and Morrison, W.（2008）, pp.74-85.

28　Anzof, H. Igor（1963）, Cotler, Phillip and Armstrong, Gray（2006）.

29　Porter, M. E.（1986）.

30　塩見英治（2006）、221-222 ページ。

表 2-3 LCC のビジネスモデル比較

項目	LCC のビジネスモデル （Southwest Model）	チャーター航空会社の ビジネスモデル	大手航空会社 (FSA) の ビジネスモデル
ネットワーク	Point to Point （Code share、乗継なし）	Point to Point （Code share、乗継なし）	ハブ＆スポーク （Code share、乗継あり）
運航距離	630 Km（平均）	2,000 Km（平均）	2,500 Km 以上（平均）
利用空港	二次的空港	二次的空港 （一部ハブ空港）	ハブ空港
航空券販売方法	オンライン販売 （座席指定不可）	店頭販売 （座席指定可）	店頭＆オンライン販売 （座席指定可）
キャビン編成	オールエコノミー	一部複数クラス制	複数クラス制
機内サービス	ノンフリル	ノンフリル	フリル付き
運賃	シングル	パッケージ商品に含む	複数
折り返し時間	短い （平均 25 ～ 60 分以内）	長い （平均 60 分以上）	長い （平均 60 分以上）
ロードファクター	やや高い （～ 85%）	高い （85 ～ 100%）	路線需要に応じて様々

出所）Wensveen and Leick（2009），pp.131-132, Williams（2012），pp.187-188 などを参考に筆者作成。

の LC など地域によって差異がみられる。最近は、大手企業のモデルはとの中間的なものであるハイブリッドな形態もでてきている。世界の代表的な LCC は、ビジネスモデルの典型であるサウスウエストにならってビジネスを展開しているが、大体、そのモデルには、B737 といった比較的最新の単一機もしくはこれに近い種類の機種の利用、機内サービスなど付帯サービスの不在と有料化、セカンドリー空港の利用、インターネットによるチケット販売[31]、運航周辺業務の包括委託、従業員の兼務化、などを含む事業展開の要素によって、効率的な運営と高い生産性をあげている。要約すると、表 2-3 のように、①標準化やフラット化による徹底した不要コストの節約、②機材の効率的な運営とネットワーク企業に比べて独自の優位性を発揮するポイント・ツー・ポイント型のネットワークの運航や都市圏近郊の二次空港を拠点とするマーケット・オリエンテッドで高頻度の運航や高い生産性をあげ、新たな市場を形成している点で共通した特徴がみられる。

　経営戦略についても、近年、コスト・リーダーシップなどに類型化した M.

31　この点で情報化の展開との関連を重視する見方もあり、GDS や旅行代理店のバイパスなど、中間媒体の省略化の傾向は強くなっている。

Porter の系列とは異なるアプローチが示されるようになった。イノベーションの視点である。クレイトン、クリステンセンは 1997 年にイノベーションジレンマのジレンマを提唱し、巨大企業が、新興企業の前に力を失う理由を説名する理論を提唱した[32]。イノベーションには、従来の製品の価値を破壊するかもしれない全く新しい価値を生み出す破壊的イノベーションがあり、優良の巨大企業は、持続的イノベーションのプロセスで自社の事業を成り立たせており、生産プロセスで破壊的イノベーションを軽視する傾向にあるとする。巨大企業の優良企業が破壊的イノベーションへの参入が遅れる理由として、顧客と投資家への依存、小規模な市場で企業の成長ニーズを解決できないこと、存在しない不可欠な市場について分析不可能なこと、既存事業継続に依存する組織の制約、技術供給と市場需要との切り離しなどがあげられる。持続的イノベーションのプロセスをとる航空会社は、フルサービスのネットワーク航空会社に該当する。持続的なイノベーションを生み出す企業のほとんどはこれに該当する。なぜなら、企業は、通常は既存知識にもとづいた研究開発を行い、現行の製品・サービスラインに対して、少しだけ改善したものを投入する傾向にあるからである。つまり、旅客を満足させるために、既存のサービスの品質を向上に努め実現してきた。米国のネットワーク企業に代表されるように、ハブ・スポークの路線構造のもとに運航ネットワークを拡大してインターライニングによって、オンラインで利用できる就航先を多くし、顧客のニーズに応じ座席の選択の機会を与えてきた。そのイノベーションは、マーケティングにも生かされ、ハブ・アンド・スポーク、イールド・マネジメント、顧客を囲い込む GRS、CRS、FFP などによる戦略手法を生み出してきた。

　これに対し、破壊的イノベーションを生み出す企業は、従来の製品とサービスを画する新規の製品とサービスを生み出してきた。これは、既存の価値を破壊し新たな価値を生み出すイノベーションを生み出す企業で、LCC に該当する。破壊的イノベーションには、新規性、創造性が求められる。しかしながら、新規性、創造性は無から有を生み出すわけではなく、既存のプロセ

32　Christensen, Clayton M.（2011）.

スが潜在的な基礎にある。創造性、新規性が事業に結びつくには、潜在的ニーズを掘り起こし、既存知識をもとに、それを結びつけたり、あるいは合成したりして、新しい知識を生み出すことである。LCC は、基本的運航体制は共通であり、新しい顧客を獲得し、新しい資源へとアクセスすることによって新たな価値、ニーズを生み出しているといえる。元来、破壊的イノベーションを引き起こす製品は、既存製品よりも性能が劣り、消費の多様なニーズに対応できず、商品と市品とサービスの仕様も比較的単純で、価格が安い特徴があった。しかし、主流製品に対抗できるように品質を向上させ、新しい市場を開拓して収益性を高めるようになった。製造業では、モジュール化を進めコスト低減を実現し、主流製品・サービスは消費者のニーズに対応し、コンパクト化している。この破壊的展開は、サウスウエスト航空に代表されるように、サービスの簡素化（ノーフリル）、ポイント・ツー・ポイントの路線展開、セカンダリー空港（二次的空港）の利用から成り立っている。既存企業がすべてのモデルを投げ打って新たなモデルに取り込み成功を収めることがない限り、この理論的な考え方は実態に妥当する。しかし、すべての LCC がこの傾向をとっているわけではないことに留意する必要がある。また、この LCC モデルが破壊的イノベーションに該当するかどうか慎重な検討を要する。他の既存企業がすぐには真似ができない模倣可能性などにも検討を要する。

　米国では、近年、FSA（Full Service Airline／大手航空会社）と LCC のコスト差は依然として差異がまだあるとはいえ、その差異は欧州ほどではない。近年、北米では、その差は、FSA の大幅な生産性の向上とコスト削減により縮小している。ネットワーク企業の LCC への対抗策には、LCC の子会社化、リストラによるコスト削減などがあるが[33]、US エアの MetroJet、Delta Airlines の Song、United Airlines の Ted のように設立後、5 年以内に子会社化が失敗するなかで、Chapter 11 の適用などによって実効的にコスト削減による合理化策を求めるようになっている。その結果、人件費等の主要な費目では大きなコス

33　大手のネットワーク企業の LCC への対抗策には、①何も対抗策を講じないで事業を持続する、②積極的に増便するか、運賃低下によるかの対抗策を講じる、③路線の廃棄、④子会社設立、⑤差別化の洗練、⑥低コストに類似する経営哲学の転換、などの選択肢があげられるが、多くがコスト低廉化、合理化のプロセスを強いられる。⑤はもっともドラステックな対応である。

ト差はみられなくなっている。人件費を除き、全体的に差異は著しいものではない。ただし、人件費についても、サウスウエストのように、FSA を超えるものもみられる。

　最近のネットワーク企業については、LCC のように、受託手荷物、飲食物などの付帯サービスを有料化など、アラカルト方式によって、LCC の要素を取り入れつつある。一方、LCC の場合も、ビジネス客をねらって有料サービスを提供しており、両者の競争はますます激しくなっている。このように、北米の代表的 LCC は、サウスウエストのビジネスモデルを参考として、発展経過を遂げているといえる。

9. LCC の展開と変容

　北米では、1990 年代以降、エアトラン、ATA、アメリカンウエスト、フロンテア、ジェットブルー、スピリットなどが誕生し、それ以前に躍進してきたサウスウエストに加えて、ジェットブルーが、旅客用旅客数で上位 10 社内にランクされるようになっている。世界的には、2000 年以降は、アジア地域での進出がみられ、中東、南米地域を含め、世界的な潮流になってきたといえる。北米では、1990 年代末以降には、サウスウエストは、ネットワーク企業や他の LCC と競争するなかで、オリジナルのビジネスモデルを一部変容させている。それは、一部、長距離路線への就航などに示されている。また、1990 年代以降、誕生した他の LCC についても、必ずしもサウスウエストのオリジナルのモデルをとっているわけではなく、多様な面がみられる。このように時間経過によって一部モデルを変容させる事例がみられる一方、設立当初から、ネットワークモデルを一部、取り入れる事例がみられる。

　北米の一部の LCC の代表企業のなかには、短距離のみならず、長距離をカバーするネットワークを構築するようになっている。この典型は、ジェットブルーであり、5 時間を要する大陸横断路線での運航を行っている。サウスウエストについても、就航路線の長さは経過的に伸びている。また、ネットワーク企業ほどではないが、2 都市間でのポイント・ツー・ポイントだけではなく、ハブ・アンド・スポークにまたがるようなネットワーク形態も一部にみられ

る。このために、LCC市場が成熟するに従ってネットワークの拡大にあたっ
てはハブ・アンド・スポークを採用せざるをえない、という見方もでている。
本来、このネットワークの選択により、地上駐機10機による高頻度、高い機
材稼働率を維持していたが、国際線への進出、経営の安定化ともに、一部、
モデルを変容させているといえよう。交通手段間では、当初、短距離では自
動車利用とも競合していた。本格的に、ネットワーク企業とも競合してきた
といえよう。欧州では、国際線を含めネットワークが高密であるため、代表
的なLCCであるライアン・エアは、域内のカボタージュ撤廃によって国際路
線を著しく拡大させ、ネットワーク企業の路線構造に類似するようになって
いる。

　2つ目は、就航利用の空港についてである。就航路線のネットワークの一
部の変更によって、二次空港の利用だけではなく、主要空港にも路線を拡張
し始めている。ただし、二次空港から撤退するわけではなく、路線の中心は
依然として二次空港である。この点は、拠点は大型空港が多いアジアのLCC
と異なる。二次空港の利用は、本来、LCCにとって、混雑による遅滞を回避
し、空港管理者との有利な交渉力による使用料を低下させ、ペアの2都市を
選定し、これによって機材稼働率をあげロードファクターをあげるスケール・
メリットの点で利点があるが、旅客にとっては、ネットワーク企業のように、
インターライニングをしない点でデメリットがあった。不況下では、ネット
ワーク企業がハブ・アンド・スポークにより、全体コストが高くなり、利
用者の場所によって迂回ルート発生し長時間を要すること、ロードファクター
の低下により収益が下降する可能性が生じることの難点が生じる。これによ
り、LCCは、不況期でも有利性が戦略的に勝り、高収益をあげる可能性が生
まれる。東アジアでは、近隣国への就航が3時間以内に収まる国が多いこと
から、拠点空港にプレハブか体育館並みの専用ターミナルを備え、使用料を
安く抑え、競争力を備えているケースが多い。この点で、最近では、アジア
地域では、政府のサポートの例が多くみられる[34]。

34　LCCの空港に対する要求事項も、低利用料金、25分の折り返し時間、迅速なチェッ
　　クイン・システムなどの点で多いが、LCC活動による空港を中心とする地域の経済
　　便益は、とくに欧州では大きな規模になると推定される。この面でも、自由化によ

第2章 アライアンスとLCCの展開と評価 49

　3つ目は、機内での施設・サービスの提供についてである。サウスウエストは、収益をあげる戦略上の目的もあって狭いピッチで標準的仕様の座席配置がなされているが、ジェットブルーのように、運行距離と関連し快適性を重視し、全座席革張りの座席を配置し32インチのシートピッチをとり、大型収納を装備するLCCもみられるようになっている。差別化、顧客囲い込み策の一種であるが、ブランド戦略の一種ともいえる。日本では、しばしば新規企業とLCCと混同されることが多いが、その新規企業のなかには、この種の差別化を図っているものがみられる。機内での付帯サービスについても、有料が多いが、LCCのなかには一部に無料化もみられるようになっている。最近のネットワーク企業については、LCCのように、受託手荷物、飲食物などの付帯サービスの有料化など、アラカルト方式によって、LCCの要素を取り入れつつある。一方、LCCの場合も、ビジネス客を狙って有料サービスを提供しており、両者の競争はますます激しくなっている。この点では、このようにネットワーク企業のほうが、付帯サービスを有料化する傾向が出ており、ハイブリッド化に近くなっている。LCCの特徴は、オペレーション・コストが安く、高い生産性をあげていることである。最近では、ネットワーク企業も合理化対応で生産性が向上しているが、両者の格差は依然として存在する。LCCの優良企業ではさらに一層、単位あたりでのコストが低く、際立って高い生産性をあげている点が注目される。

　北米の路線構造に関しては、大規模の空港間の路線の大多数は独占で運行されているが、国内航空旅客の大多数は、1企業以上の運行によっている。最近では、ネットワーク企業とLCCがオーバー・ラップする路線が著しく増加しており、それによって競争圧力が高まり全体として運賃が下降傾向にある[35]。1995年から2009年にかけては、国内旅客需要は、依然、上昇しており、ネットワーク企業は、国内旅客の大多数を対象としているものの、LCCが1995年の13.3％から、2009年にはすでに29.8％の約3割のシェア比率にまで増加しているのが注目される。この間、参入件数をみれば両者ともに、2003年まで

　　る航空と空港の相互関係作用は拡大しており、政府がサポートする理由になっている。Macario, Rosario and Van de Voore, Eddy edit (2011), pp.67-69.

35　Forsyth, P., Gillen, D., Huschelrath K., et al. edit. (2013), pp.29-30.

は、参入件数の増加が著しいが、2003 年以降は、全体の件数は著しく低下する傾向をたどり、両者の間では、LCC の参入が上回る傾向をたどっている[36]。この LCC のなかには、1,500 マイル以上の長距離に運行するようになっている。LCC は、JFK 〜シアトルの路線でも象徴的に示されるように 1990 年代までは顕著であったハブ・プレミアムを消失させ、イールドを低下させる作用をもたらしていると結論づけられる。

10. 今後の展望と課題

LCC とグローバル・アライアンスは自由化の産物であり、航空企業がそれぞれ自由市場でとりうる戦略的対応であり、今日では、2 大ビジネスモデルとなっている。グローバル・アライアンスは、現在、3 大アライアンスに収斂しているが、不安定な国際市場の動向のなかで収斂化の傾向をたどるものと思われる。一般的には、戦略的提携を、未来における多国籍企業化もしくは超多国籍企業の原型ととらえるか、あるいは経過的か過渡的な現象ととらえるか見解が分かれる。Porter は「企業は独立性を維持しながら買収費用を使わずに迅速に変化に対応するために提携を求めることを意味している」と述べ、経過的な見解を示している[37]。とくに、航空市場では、国家や公的介入は存在する。産業にも、市場のボラティリティが強く、不確実性が強い。この関連で、Fan ら（2001）は[38]、マクロ視点から方向性に与える要素として、国際規制の自由化の進展、反トラスト法の自由化、固有の経済諸力などをあげ、マトリックスで，6 つの経路を説明している。従来の研究は、進化については、将来の自由化の進展を前提に多国籍企業にならって、一律の方向でとらえがちであった。

Fan 等の研究は、アライアンスの属性を見定め、競争政策、経済諸力との相互作用でとらえる実態に即したアプローチといえる。1990 年代以降のアライアンスの急速な拡大は、自由化の促進、グローバル化の拡大などを背景にし

36　Ibid. pp.39-40.

37　Porter, M. E. (1986), pp.306-307.

38　Fan, T., Vigeant-Langlois, L., Geissler, C., Boster, B. and Wilkin, J. (2001), pp.349-360.

ている。その形態には、航空企業の固有の性格を反映し、コード・シェアリングにみられる極めて戦略的な特徴が示される。それは、同時に国際的な制度的制約のもとで、次善の策として展開される過渡的な形態ともいえる。将来的には、多国間主義での自由化の浸透とともに、統合・集約の進展化か、これとのアライアンスの集約の進展といった並行的なコースをたどるものと思われる。この集約と統合に影響を与える主要な要素には、レジームの変化をともなう自由化の大幅な進展と反トラスト法の緩和があげられる。近い将来の方向性は、オープンスカイ協定の浸透の影響による地域間多国間主義とアライアンスの集約化と一部地域での統合化の進展であろう。このもとでハブ空港間での競争阻害のリスクが一層拡大するものと思われる。

このためには、実効性のある国際競争政策の策定と適用が求められるが、なすべき施策としてとくに次の点が必要となろう。第1に、国際レベル、反競争的行動を取り締まる共通のルールの確立である。各地域の国内法に影響をうけたり、ケースバイケースの裁定になりがちであるが、具体的施策はともかくも、一貫した共通したルールの策定が求められる。第2に、競争阻害の事例の分析とその集積を進め、それに有効に対処する措置を明確にしなければならない。過度な介入施策は回避すべきであり、総合的な便益効果を考慮に入れた施策が求められる。

LCCについては、このモデルをとった企業は多いが、破産の経過をたどった企業も多く、事業運営のやり方、組織などが問われる。LCCは基本的に低コスト、高効率の事業モデルをとっている。ネットワーク企業は価格面で対抗できないが、次第に合理化により低コストを実現し対抗している。LCCは2000年以降、欧米で瀬熟期を迎え、全世界で普及している。利用者とチケット購入などインターネットで直結し、GDS、旅行代理店など中間媒体を排除する傾向にある。空港との関係にも変革をもたらしており、混雑を回避し、低使用料志向することから二次的空港を求める傾向にある。そうでなくとも、主要空港に低投資ですむターミナルを希求する。今後とも、低コストを支える技術革新と自由化が進展する限り、LCCの躍進と進出は続くものと思われる。

【参考文献】

一般団法人運輸政策研究機構国際問題研究所編（2011）『アメリカ航空産業の現状と今後の展望』。

江夏健一・首藤信彦（1993）『多国籍企業論』八千代出版。

ANA 総合研究所編著（2008）『航空産業入門』東洋経済新報社。

海外鉄道技術協力会（2005）『最新世界の鉄道』ぎょうせい。

鎌田裕美・味水佑毅（2007）「わが国における LCC の成立条件」『航政研シリーズ 473 号　低費用航空会社（LCC）の研究』航空政策研究会、73-91 ページ。

クリステンセン C. M & レイナー M. E.（玉田俊平太監修、櫻井祐子訳）（2003）『イノベーションへの解』翔泳社。

小島克巳・後藤孝夫・早川伸二（2007）「空港使用料の水準が LCC（低コスト航空会社）の理念に与える影響に関する研究」『航政研シリーズ 473 号　低費用航空会社（LCC）の研究』航空政策研究会、93-119 ページ。

塩見英治（1993）「国際航空の戦略的提携と自由化」『経済学論纂』第 34 巻第 3・4 合併号、中央大学。

塩見英治（2000）「国際航空の戦略的提携とオープンスカイ」『三田商学研究』第 43 巻第 3 号、慶應義塾大学。

塩見英治（2002）「国際航空産業におけるアライアンスと企業統合」『海運経済研究』第 36 号、日本海運経済学会。

塩見英治（2006）『米国航空政策の研究』文眞堂。

杉山純子著、松前真二監修（2012）『LCC が拓く航空市場』成山堂書店。

杉山武彦監修、竹内健蔵・根本敏則・山内弘隆編（2010）『交通市場と社会資本の経済学』有斐閣。

瀬越雄二（2008）「ローコスト・エアラインに関する産業動向レポート(I)」『エマージング・マーケット・ニュースレター』第 11 号、大和総研、1-6 ページ。

高橋広治（2007）「東アジア航空市場とローコストキャリアの将来像」『国土交通政策研究』第 74 号、国土交通省国土交通政策研究所、1-77 ページ。

東京大学航空イノベーション研究会・鈴木真二・岡野まさ子（2012）『現代航空論』東京大学出版会。

野村宗訓編著（2012）『新しい空港の可能性』関西学院大学出版会。

長谷川信次（1998）『多国籍企業の内部化理論と戦略的提携』同文舘出版。

花岡伸也（2007）「アジアの LCC のビジネスモデルの比較分析」『航政研シリーズ 473 号　低費用航空会社（LCC）の研究』航空政策研究会、51-72 ページ。

ハンロン P.（木谷直俊・山本雄吾・石崎祥之・新納克広・内田信行訳）（1997）『グローバルエアライン』成山堂書店。

ヒット M. A., ホスキソン R. E., アイルランド R. D.（久原正治・横山寛美監訳）（2010）『戦略経営論』同友館。

ブルックナー J.（2000）「コードシェアリングと独占禁止法の適用除外が国際旅客にもたらす便益—スターアライアンスにおける研究」『ていくおふ』No.92、ANA 総合研究所。

ポーター M.（土岐坤・中辻萬治・服部照夫訳）（1982）『競争の戦略』ダイヤモンド社。

堀雅通（2012）「航空市場の構造変化と航空経営」『観光学研究』第 11 号、日本観光研究学会。
国土交通省（2008）「国際航空に関する独占禁止法適用除外制度のあり方に関する懇談会」議
　　事録資料。
その他、政府報道・審議会資料等。
Airline Business (1997) June.
Anzof, H. Igor. (1963), *Strategic Manegement*, Palgrave Macmillan.（中村元一監訳『戦略経営論』
　　中央経済社、2007 年）。
Badaraocco, J. L. (1991), *The Knowledge Link*, Harvard Business School Press.
Brueckner, J. K. and Spiller, P. T. (1994), Economic of Traffic Density in the deregulated Airline
　　industry, *Jounal of Law and Economics*, 37(2).
Brueckner, J. K. and Whalen, T. (2000), "The Price Effects of International Airline", *Journal of
　　Law and Economics*, 43(2), pp.503-545.
Brueckner, J. K. (2003), "International Airfares in the Age of Allinaces: The Effects of
　　Codesharing and Antitrust Immunity", *The Review of Economics and Statistics*, Vol.85(1),
　　pp.105-118.
Buckley, P. J. and Casson, M. (1991), The future of the Multinational Enterprise, Macmillan（清
　　水隆雄訳『多国籍企業の将来（第 2 版）』文眞堂、1993 年）。
Chen, F. and Chen, C. (2003), "The Effects of Strategic Alliances and Risk Pooling on the Load
　　Factors of International Airline Operations", *Transportation Research*, Part E.,Vol.39,
　　pp.19-34.
Christensen, Clayton M.(2011), Innovation Dilenmma, Harvaerd Business Press.（玉田俊平太監
　　修、伊豆原弓訳『イノベーションのジレンマ　増補改訂版』翔泳社、2001 年）。
Cotler, Phillip and Armstrong, Gray (2006), Principle of Marketing, Pearson Prentice Hall.（恩蔵
　　直人訳『マーケティング原理』ダイヤモンド社、2014 年）。
Doganis, R. (2006), Airline Business in the Twenties-first Century, second edition, Oxford,
　　Routledge.
Doz, Y. L. and Hsmel, G. (1988), *Alliance Advantage*: The Art of Creating Value Through
　　Partnering, Boston, Harvard Business School Press.
Dresner, M. and Windle, R. (1996), "The economics of airline alliances", in *Critical Issues in Air
　　Transport Economics and Business*, Routledge, pp.165-182.
Dresner, M. and Windle, R. (1996), Alliance and Code-sharing in the International Airline
　　Industry, *Build Environment*, 22(3), pp.201-211. Dobruszkers. F. (2009), New
　　Europe, new-cost air, *Journal of Air Transoort Geography*, Volume17, Issue6, pp.423-
　　432.
Dresner, M., Lin, J. and Windle, R. (1996), The Impact of low cost Carrirs on airport and route
　　competition, *Journal of Transport Economics and Policy*, Volume 30, Issue 3, p.309.
Fan, T., Vigeant-Langlois, L., Geissler, C., Boster, B. and Wilkin, J. (2001), Evolution of
　　Global Airline and Consolization in the Twenties-first Century, *Joural of Air Transport
　　Manegement*, 7.
Fayerweather, J. (1962), Facts and Fallacies of international Business, Holt, Renehart and

Winston.（綿谷禎二郎訳『国際企業の実像と虚像』所書店、1969年）。

Forsyth, P., Gillen, D., Huschelrath, K., Niemeier, Hans-Martin and Wolf, H. edit.(2013), Liberalization in Aviation, Ashgate.

Gayle, P. G. (2008), "An Empirical Analysis of the Competitive Effects of the Delta/Continental/Northwest Code-Share Alliance", *Journal of Law and Economics*, Vol,51, pp.743-766.

Graham, B. and Shaw, J. (2008), Low-cost airlines in Europe; Reconciling liberalization and sustainability, GEOFORUM, Volume 39, Issue 3, pp.439-451.

Ito, H. and Lee, D. (2006), "The Impact of Domestic Codesharing Agreement on Market Airfares: Evidence from the U.S.", in Competiton Policy and Antitrust, edited by Lee. D, Elsevier.

Keiner, R. B. et al. (2009), *Airline Alliances, Anti-trust Immunity and Mergers in the United States,* www.Crowell.com.

Lawton, Thomas C. edit. (2007), Strategic Management in Aviation Critical Esseys, Ashgate.

Levine, M. (1987), Airline Competition in Deregulated Market: Theory, firm Strategy and Public Policy, Yale Jounal on Regulation 4.

Macario, Rosario and Van de Voore, Eddy edit. (2011), Critical Issues in Air Transport Economics and Business, Routledge.

Mason, K. and Morrison, W. (2008), Towards a mesns of consistently comparing airline business models with an application to the low cost airline sector, *Research in Transportation Economics*, Volume. 24.

Mason, K. (2001), Marketing low-cost airline services to business travellers, *Journal of Airline Management*, Volume 7, Issue.

Morrell, P. (2005), Airlines within Airlines: An analysis of US network Airline responses to low cost carrirs, *Jornal of Air Trasport Manegement*, Volume 11, Issue 5, pp.303-312.

O'Connell, J. and William, G. (2005): Passengers Perceptions of low cost airline and) full services airlines; A case study involving Ryanair, Aer Lingusus, Air Asia and Malaysia airlines, *Journal of Air management*, Volume 11, Issue4 pp.259-272.

Oum, T, H., Park, J. H. and Zhang, A. (2000), Globalization and Strategic Alliances: the Case of the Airline Industry, Elservier Science, London.

Park, J. H. (1997), The Effects of Airline Alliances on Markets and Economic Welfare, *Transportation research*, E. 33.

Porter, M. E. (1986), Competition in Gloval Industries, Harvard Business School Press.（土岐坤・中辻萬治・小野寺武夫訳『グローバル企業の競争戦略』ダイヤモンド社、1989年）

Porter, M. E. (1998), Competitive Advantage, Free Press.

Rugman, A. M. (1981), Inside the Multinationals: The Economics of Internal Markets, Columbia University Press.（江夏健一・中島潤・有沢孝義・藤沢武史訳『多国籍企業と内部化理論』ミネルヴァ書房、1983年）。

Tretheway, M. (1990), Globalization of the Airline Industry and Implications for Canada, *Logistics and Transportation Review*, 26.

U.S. General Accounting Office (1995), International Aviation: Airline Alliances Produce Benefits, but Effect on Competition is Uncertain. GAO/RCED-95-99, Washington, DC.

U.S. General Accounting Office (2001), Proposed Alliance between American Airlines and British Airways Raises Competition Concerns and Public Interest Issues, GAO–02–293R.

U.S. General Accounting Office (2004), Transatlantic Aviation: Effect of Easing Restrictions on U.S.-European Markets, GAO–04835.

US Department of Transportation (2000), International Aviation Developments: Transatlantic Deregulation: The Alliance Network Effect (Second Report).

Werner Delfmann, Herbert Baum, Stefan Auerbach and Sascha Albers (2005) "Strategic Management in the Aviation Industry" ASHGATE.

Yoshino, M. Y. and Rangan (1995), U.S. Strategic Alliannces: An Entrepreneurial Approach to Globalization, Harvard Business School Press, pp.68–70.

Youssef, W. and Hansen, M. (1994), "The Consequences of Strategic Alliances between International Airlines: the Case of Swissair and SAS", Transportation Research, 28A(5), pp.415–431.

第3章

米国の航空市場環境の変化と競争政策

1. はじめに

　世界的にみると、航空輸送産業は、需要面では長期的には成長的であるが、中・短期的には国際市場を中心にボラティリティが強く収益の波動性が高い。2000年以降は、規制緩和の展開のもとで、アジア地域を含めてLCCが次第に増勢の傾向を強め、全体の市場競争に大きな影響を与えるようになっている。航空企業の営業損益面では、燃料価格の高騰が続き、航空会社への収益低下に影響を与えている。

　国内規制緩和と国際航空のオープンスカイが典型的に展開している米国では、LCCは、2000年以降も増勢を強めて、他の地域より相対的に高かった市場シェアを一層拡大している。この結果、市場競争の主導的役割を果たしているとの評価も示されるようになっている。燃料費の続く高騰も航空企業の営業損益を大きく左右している。この市場環境のなかで、ネットワーク・キャリアは、戦略モデルを一部修正するとともにコスト削減など合理化を強めている。併せて、連邦破産法の適用、合併による組織改革などの経過をたどっている。

　連邦破産法の適用は、Chapter 11による再生、Chapter 7による清算に分類される。とくに、Chapter 11は、米国航空産業の企業再生のための戦略手段と

して機能しているとの見方が少なくない。とはいえ、この手続き、機能、課題・問題点はほとんど知られていない。Chapter 11 は合併と相互に関連しており、この面でも相互分析を行わねばならない。

本章は、米国のネットワークキャリア（大手航空会社）を対象として、Chapter 11 と合併に焦点をあてて、最近の航空事情と競争政策について分析を行うことを目的としている。まず、2000 年以降のネットワークキャリアと LCC との比較の視点をふまえて、需要・供給、収益、市場競争の変化と動向について検討を行う。2000 年以降に、市場環境、企業対応はどのように変わったかについて検証することを意図している。この検討のうえで、Chapter 11 の適用と合併について、その仕組みと機能、経過と影響などについて分析を行うものである。

2. 規制緩和下における米国の航空市場環境の変化

米国の航空規制緩和の本格化は、1978 年の規制緩和法によるものである。1978 年以降の航空市場環境の変化過程を、景気循環を中心とする外部環境の変化、経営実績と収益性の変化、企業間での競争の程度と質の変化などを標識で分けると、以下の 4 つの時期に分類される。それぞれの傾向と特徴を整理すると、以下のようになる[1]。

第 1 期は、1978 年から 1982 年にかけての規制緩和移行期の景気後退の時期にあたり、航空需要が減少もしくは横ばい傾向をたどるものの、新規企業の市場参入が促進された時期である。第 2 期は、1983 年から 1980 年代末にかけての景気好転の時期にあたり、航空業界全体ベースで黒字に転換し、メジャー航空企業間で収益格差が生じている。大手であるネットワーク・キャリアが固有の競争優位の戦略を発揮しつつ、企業間の合併を促進し寡占化が著しく進展した時期に特徴づけられる。第 3 期は、1980 年代末以降 1990 年代末までの時期で、前半の 1992 年までの景気後退期と、それに続く IT 革命を背景とした景気拡大の時期が含まれる。この期間は、一貫して航空需要の伸びは堅調で

---

1 詳細な経過は、塩見英治（2006）、156-168 ページを参照のこと。

ある。この期の前半にはサウスウエストが成長し、後半にその大きな躍進とその他のLCCの成長が続き、全体して市場競争に影響を与えるようになっている。1990年代末には、LCCが複数、上位ランクに食い込み、その市場シェアが高くなっている。第4期は、2000年以降現在までの時期にあたり、燃料費の高騰が続き、景気の低迷によって、全体的には需要が停滞する時期にあたる。複数のLCCが競争優位の獲得により成長を続ける。大手のネットワークキャリアは、これに対抗し、コスト削減と合理化、ビジネスモデルの一部修正、合併などによって生産性の向上が図られるようになった時期でもある。

さらに、この時期に含まれる最近の動向について具体的に検討してみよう。時期区分に影響を与える変質の有無が問われる。まず、航空需要については、図3-1でみるように、2010年に回復するも、長引く景気の影響などによりリーマンショック前の水準には戻ってはいない。2000年以降は、全体で平均伸び率は停滞気味である。

市場別でみると、国内線が停滞的であるのに対し、国際線は図3-2のように、長期的には順調な伸びである。ネットワーク・キャリアが停滞的であるのに対し、LCCは図3-3でみるように増勢傾向にある。しかし、2007年以降はやや停滞気味の傾向を示している。

図3-1 航空産業全体・全市場（旅客数・RPM）

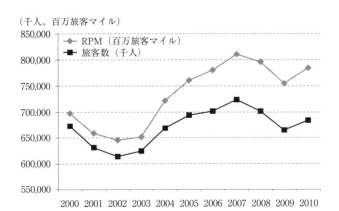

出所）JITI資料・US DOT資料による。

図3-2 ネットワークキャリア国際市場（旅客数・RPM）

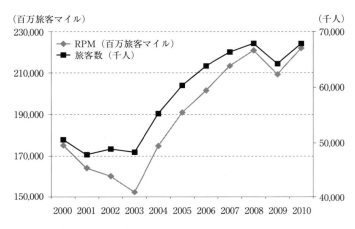

出所）JITI 資料・US DOT 資料による。

図3-3 LCC 全市場（旅客数・RPM）

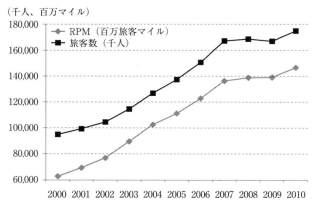

出所）JITI 資料・US DOT 資料による。

第3章　米国の航空市場環境の変化と競争政策　61

図3-4　ネットワークキャリア全市場（営業損益）

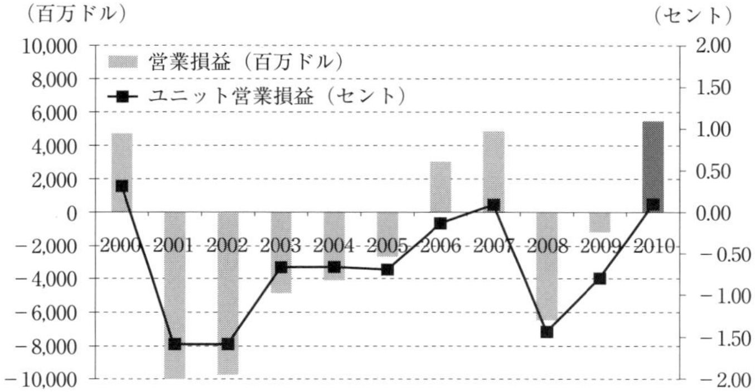

（百万ドル）　　　　　　　　　　　　　　　　　　　　　　（セント）

営業損益（百万ドル）
ユニット営業損益（セント）

出所）JITI資料・US DOT資料による。

　営業損益については、図3-4で示されるように、ネットワーク・キャリア
は、2010年に前年の赤字基調から大幅回復し5,438百万ドルの黒字を計上し
ている。これは、リーマンショック前を上回るもので、2000年以降では最高
額にあたる。市場別でみると、国内市場は国際市場を上回っている。

　2000年以降全体を通してみると、連続的な赤字が大半で、しかもかなり
変動性があるのがわかる。それでは、営業損益の大幅な回復にはいかなる要
因が作用しているのであろうか。第1は、営業収入の増加であり、対前年比
＋13.2％の増加を示している。運賃と付帯サービス収入の増加は、イールドを
2010年に13.2セントの水準にまで押し上げている。このうち、収入全体に占
める付帯サービス収入の比率は、経過的に大きくなり2010年に3.5％となっ
ている。付帯サービス料金には、手荷物預かり料などが含まれており、この
点では、LCCモデルに類似した関係になっている[2]。第2は、営業費用の増加
の抑制である。最近の燃料費の高騰にもかかわらず、人件費抑制などによる
対前年比＋5.7％の増加にとどめている。これに対し、LCCの営業損益は、図
3-5のように2010年に前年に引き続き黒字で1,506百万ドルを計上している。

　2　US Research and Innovative Technology Administration, Bureau of Transportation
　　Statistics, Airlines and Airportのデータによる。

図3-5 LCC 全市場（営業損益）

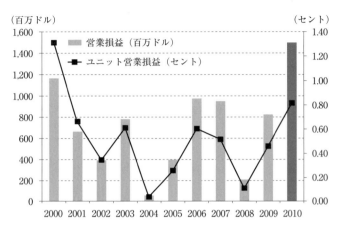

出所）JITI 資料・US DOT 資料による。

対前年比 81.2％の大幅な増加を示している。2000 年以降をとおしてみると、変動はあるが、ほぼ一貫して黒字基調を持続している。

次に、ネットワーク・キャリアの営業費用の比率構成についてみると、以下のようになる。現在、燃料費と人件費は、2 大費用項目で、両者で全体の 6 割を占めるようになっている。燃料費は、2000 年から 2005 年に年平均 16％であったのが、2006 年以降、30％台の推移に拡大している。人件費は、2000 年から 2005 年に平均約 40％であったのが、2006 年以降、30％台の水準に縮小している。ほか、2006 年以降の傾向としては、国内市場での委託費が拡大しているのが特徴的である。なお、損益にかかわる部分では、設備投資と供給力の抑制によるコスト節減の傾向が示される。ASM の供給量は、対前年比で＋1.9％のわずかな増加になっている。これによって、ロードファクターが上昇している[3]。

ネットワーキャリアの最近の経営上の特徴としては、コスト削減への積極的な取り組みの傾向が示される。その結果、単位コストでの LCC との格差が縮小している。ユニットコストについて、LCC を 100 とした場合のネットワー

3　A4A（Air Transport Association）, Airlines for America, Cost index による。

クキャリアの指数では110であり、僅差となっている。欧州では190であり、大きな開きとなっている。従業員1人あたりの人件費が103.4で、ユニット燃料費が103.2であり、これらも差異が小さい。しかしながら、生産性では、標識となる従業員1人あたりRPMでは、88.4、1日平均機材使用時間では、91.8となっており、依然として格差の存在が示される。

次に、競争構造の変化についてみよう。航空は空港の地点間で就航することから、シティペア市場での有効企業数の変化でみるのが妥当である。GAO (2008) の報告では[4]、国内市場の90%を占める上位5,000シティペア市場について分析を行っている。図3-6のように、有効企業数は1998年の2.9社から2006年の3.3社に増加している。このうち、1社就航は10%以下に減少、3社以上の就航は70%増加している。このように、全体として、競争促進が示される。次に、距離帯別では、図3-7で示されるように1,000マイル以上の長距離が3.9社、250マイル以下の短距離が1.7社となっており、高需要密度の路線の長距離で競争が拡大し、低需要密度の短距離で競争が低下しているのが分かる。競争状況が反映される運賃の地帯別動向については[5]、経過的に、地

図3-6 有効企業数の市場比率 (1998～2006)

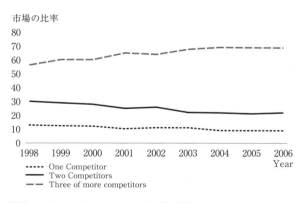

出所) U.S. General Accounting Office (2008a), p.21.

---

4 U.S. General Accounting Office (2008), pp.21-23.
5 U.S. General Accounting Office (2008), pp.24-25.

図 3-7　距離別平均運賃（1998〜2006）

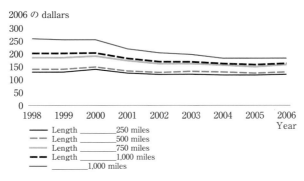

出所）U.S. General Accounting Office (2008a), p.25.

帯別での運賃格差が縮小している傾向が示されている。競争構造に大きな影響を与えているのは LCC であるが、その市場シェアは、2001 年に 18％であったのが 2011 年には、30％に拡大している。この増加傾向は今後も続くことが予想される。

3.　競争環境下における戦略的対応と競争政策

　1978 年以降に展開された航空規制緩和は、航空企業の競争と戦略性を高めることとなった。ネットワーク・キャリアの主要な戦略モデルには、共通した特徴がみられる。コストの低下と機材利用率の向上などを目的としたハブ・アンド・スポークネットワークの展開、価格差別化による収入の最大化の効果を発揮する CRS の利用にもとづくイールドマネジメントの活用、インセンティブ手数料の支払いを媒体にした旅行代理店の囲い込みや垂直的統合、旅客の囲い込みの効果をねらう FFP の利用などから構成されている。これらは、情報システムの高度利用とネットワーク展開を利用した差別化戦略に特徴づけられる。さらに、これらの情報の装置を軸とする戦略手段は、Chapter 11 の適用や合併運用の緩和と一体的に作用し、企業の存続や発展動向に影響を与えている。もっとも、1990 年代末以降、ネットワークキャリアは、付帯料

金の徴収、リージョナルフィーダー路線の外注化、一部の子会社利用による
LCC の展開を行い、ビジネスモデルの一部変更を行っているが、基本的に従
来の戦略モデルを大幅に変えたわけではない。

　競争政策の観点から、競争促進を阻害する企業行動と組織改革は問題とな
る。これらの問題には、略奪的価格の設定および CRS、FFP、ハブ・アンド・
スポークネットワークなどの戦略的手段による一部の排他的な企業行動、大
型合併とハブ空港支配による市場統制、CRS および GDS による垂直的統合と
流通支配などの問題がある。このうち、略奪的価格設定の問題は、1998 年に、
司法省がアメリカン航空を新規企業の参入を阻止したかどで地区裁判所に提
訴した事件に典型的に示される[6]。その後、この問題は立証しがたく敗訴になっ
た経過もあって、問題になっていない。

　これに対し、大型合併は、1990 年代には、それ以前の 1980 年代の半ばから
後半にかけて展開された DOT 所管のもとでのラッシュともいえる連続的な容
認についての問題認識もあって、慎重な政策対応が行われるようになったが、
2000 年代に入って、再び、大型合併の承認の経過がみられるようになってい
る。このほか、1990 年代に顕在化した戦略的手段による行動に関する競争政
策上の問題性は、現段階では後退したが、課題は存在する。混雑空港のスロッ
ト配分、CRS の流通支配については、一部、改善施策が行われたものの、依
然、問題性が残されたままである。

　さらに、経営窮状などに陥った企業に適用される Chapter 11 の適用も継続
的に行われており、企業の戦略的再生策としての妥当性が問われる。米国に
おいて、Chapter 11 が多く適用され、大型合併が再び承認される経過をたどっ
ているのはなぜか。これには、航空市場の競争構造の変化などが背景をなし
ている。以下、最近の航空市場環境の変化を整理し、そのうえで、これまで
わが国で必ずしも明らかにされてこなかった Chapter 11 の手続きと経過、影
響と課題について検討を行い、これと併せ、破産法の適用と関連性が強い企
業の合併について、その手続きと承認の基準の変容、課題について検討を行
うこととする。

6　Jagdish H. Sheth et al. (2007), Chapter 4 "Predatory Pricing", pp.81‒100, 塩見英治著
　（2006）、329‒341 ページを参照のこと。

4. Chapter 11 の適用[7]

1) 手続きのプロセスとその特徴

　連邦破産法のなかでの典型的な清算手続きは、Chapter 7 によっており、典型的な再建手続きについては、Chapter 11 によるものである。Chapter 7 は、債務者の財産を管財人（Trustee）が換価し、債権者に対し、法律上、定まった優先順位に従って配当する手続きを定めている。Chapter 11 の適用では、原則として管財人を選定せず、債務者である会社が Debtor in Possession（DIP）として、管財人が有する権利を行使し、義務を負担する方式をとる。すなわち、DIP が Chapter 11 の申立て前の債務者である会社と同一法人になることを意味する。DIP は 1987 年の連邦倒産法改正時に導入されたもので、その導入の根拠については、倒産が外部環境要因によることが多いとの判断、経営者が交替を恐れて申請を躊躇することを回避すること、とされている。

　Chapter 11 を特徴づける DIP ファイナンスは、倒産して信用力を失った DIP に新たな資金枠を提供することで当面の信用不安を払拭し、納入業者をつなぎ止めることで正常な営業活動を継続することなどに意義が見出される。なお、その調達される資金については、脱却するまでの必要な運転資金に使途が限定されている。First Priming Lien を備えるなど保全性が強化され[8]、脱却後、全額返済されるべきものであり、このために、再建計画の認可が調達の可能性に影響を与えることになる。航空輸送事業の場合、一般に、外部資金調達の比率が高く、そのほとんどの資産がすでに担保設定済みで、その資産のほとんどが機材であることに特徴が示される。このために、航空会社にとって、DIP ファイナンスは大きな意味をもっている。資金調達には、機材の実質的なオーナー、リースの貸し手が働きかけ支援するケースも多く、これらの事業継続に対する要望が反映している[9]。Chapter 11 における自発的申立

7　法的内容・手続きについては、ジェフ・フェリエル＆エドワード・J・ジャンガー（米国倒産法研究会訳）（2011・2012）、堀内秀晃・森倫洋・宮崎信太郎・柳田一宏（2011）を参考にしている。

8　既存の有担保銀行ファシリテイの担保物に対しては担保権が優先し、第一順位になることを意味する。

9　Morrell, Peter S.（2007）, p.219.

ての手続きも特徴があり、企業に自由度を与えるものになっている。それは、要件として会社が破産状態にあることを要求しないこと、非自発的申立てであるかを問わず、裁判所が特に保全命令なくして、財産保全がきくオートマティック・スティの効果が生じることにある[10]。とくに、前者の要件についての自由度は、企業に経営戦略の一手段としての利用の便宜を与え、リスクの顕在化前にリスク処理が可能で、買収のための手段としての利用の可能性を与えている。

2）適用の経過と労働契約への対処

世界的にみて、航空企業の破産と倒産は、民営化と規制緩和の進展に伴って拡大している。米国では、1978年の規制緩和以前には、破産と倒産はきわめて稀にしか生じていない。

それは、規制当局であるCABがfalling doctrineなどによって倒産可能性がある航空企業を経営基盤が強固な航空企業との合併施策を実施してきたことによるものである。規制緩和後の倒産としては、ラニフ航空が大手として最初である。規制緩和直後から2004年までに、Chapter 11に144社が申請しており、その多くが後に合併の経過をたどっている。このうち、わずかにChapter 7の清算申請をしているのは14社にすぎない。

Chapter 11の申請のケースは、経営窮状のなか労使交渉のもつれの打開と人件費の圧縮のためになされることが多い。2011年のアメリカン航空の申請も、国内需要の低迷、燃料費の高騰、LCCの影響などによる経営環境の変化への対応のほか、労働コストの削減を主目的としている。労使間で交渉の対象になるのは、賃金、給与が中心であるが、このほか、退職金に対する年金や医療費支払いのための保険給付金も含まれる。申立て前から労使間において厳しい交渉がなされ、決着がつかない場合にChapter 11に入るケースも多い。

事前に協議が整わなかった場合は、申立て後において引き続き各労働組合との交渉、法1113条の規定に従うことになる。法1113条は、全国労働関係法の例外として、Chapter 11においてのみ適用される。この条文は、倒産裁

10　自発的申立てであるか、非自発的申立てであるかを問わず、裁判所に申立てさえなされれば、裁判所が保全命令を発しなくとも、財産保全の効力が生じること。

判所は、一定の判断の条件のもとでDIPによる労働協約の解除・変更を許可することができることを規定している[11]。なお、労働協約の解除・変更と同様、退職者への保険給付金については、法1114条の規定に従うとしている。法1114条は、規定の条件判断で、DIPは裁判所の許可を得て保険金給付の制度の廃止・修正を行うことを可能にしている[12]。

なお、Chapter 11の影響・評価については、経済の研究領域では、主として、運賃面を対象に検討が行われている。このうち、Barla and Koo（1999）は、申請の企業では、運賃低下が生じ、然るに、対抗企業は、市場締め出しの意図をもって、一層の運賃低下を生じさせる傾向にある指摘を行っている[13]。これに対し、Borenstein and Rose（1995）は、申請企業の運賃は低下するが、これの対抗既存企業への影響はわずかであり、申請後、運賃割引が消失する傾向にあるとしている[14]。これとほぼ同様の指摘は、Morrison and Winston（1995）によってなされており、申請企業の対抗企業の収入面での影響は少ないとしている。併せて、きわめて経営基盤が弱い企業としての企業イメージの毀損、フリークエント・マイルの喪失の恐れ、取引先との交渉難などに直面することから、次第に他の企業は運賃上昇を生じさせる可能性を指摘している[15]。他社への影響は一概にいえるものではなく、申請する企業の経営基盤や申請時の市場環境によって左右されるもののように思われる。課題となるのは、運賃の適正さを判断する根拠となるコストの比較である。とりわけ、Chapter 11から脱却企業とそれ以外の企業とコスト分析比較が求められる。

Chapter 11に関する問題点・課題としては、倒産ビジネスプレイヤーへの報酬の水準が高いこと[16]、再建計画のタイムリミットが厳格に履行されず、この

11　要件を満たす改定案の提出がなされた状況下で、同組合が正当な理由なしに当該提案を拒絶し、衡平の観点から比較考量して現状の労働協約をDPIが拒絶するのが相当であると判断されるとき、としている。

12　法113条と類似の規定で、異なるのは退職者の代表者との関係になる。

13　Barla, P. and Koo, B.（1999）, pp.101-120.

14　Borenstein, A. and Rose, N.（1995）, pp.415-435.

15　Morrison, S. and Winston, C.（1995）.

16　規模が大きければ多くのプレイヤーがかかわることになる。2005年のデルタ航空とノースウエスト航空の手続きのケースでは、手続きの総額費用は2億7,600万ドル以上になったとされる。

間、裁判所の過度な関与も起こりうる可能性が指摘される。このことは、市場からの乖離を意味し、これによる企業価値の低下のリスクが懸念されることになる。

5. 合併と競争政策の展開と課題

1) 合併の目的と条件

合併は経営窮状に陥った企業の再建か競争力の強化として取り組まれる傾向にある。先に考察した Chapter 11 の申請企業は、自立再生できない場合には、清算のほか、資産譲渡、合併などのコースをとる。手続きとの関連では、再建策としては、再建計画の提出以前での事業譲渡、再建計画にもとづく事業譲渡、出資や合併による組織再編のコースとなる。

合併は、提携や合弁と異なり、外部の企業や事業部門に対しての支配権を獲得することを意味するが、目的としては、一般的には、①事業を拡大し、市場支配力を強める、②成長戦略としての集中と多角化をはかる、③生き残りと業界のなかでの再編を行う、④企業価値を向上させる、などをあげることができる[17]。航空輸送では、具体的な目的としては、重複し過剰である設備やサービスの削減によってコストを低下させる、ネットワークの拡大と補完によって収入を増加させる、全体として収益性を高め財政的基盤を強固にする、市場支配力の強化により運賃上昇をはかる、などの具体的目的が指摘される。航空輸送に特徴的なのは、グローバル市場では、クロスボーダーの合併が、外資制限の制約によって限定的であり、アライアンスによりコスト削減と収入増加のシナジーを実現する方策がとられがちであることである。

合併の実現において、克服すべき主な潜在的要素としては、労働力の統合、機材編成の統合、情報技術の統合、競争政策がある[18]。労働力の統合は克服すべき障害が多く、新たな労働協約の交渉など高価につく傾向にある。同時に、企業文化の相違も克服になることも多い。機材編成の統合についての難題は、

17　マイケル・A・ヒット、R・デュエーン・アイルランド、ロバート・E・ホスキソン（久原正治ほか監訳）(2010)、282-301 ページ。

18　Mercado, Felix J. (2011), pp.21-22.

パイロット訓練、整備、スペア部品の重複によるコストの増加にあるが、条件整備や調整によって回避可能な対象にもなりうる。情報技術の統合は、事前と事後の調整に最も大きな時間を要するもので、問題回避のためには、周到な準備が必要となる。競争政策の点で、米国では所轄は DOJ があたるが、承認されるまでにいくつもの審査のステップと長い時間経過を要する。

2) 合併に対する政府機関としての DOJ と DOT の役割

　米国司法省（DOJ）は、シャーマン法とクレイトン法の執行権限を有し、反トラスト法の執行行政にあたっている。合併については、具体的に合併ガイドラインを作成・公表し、それによって審査手続きがなされている。ガイドラインは、これまで数回改定されている。申請された合併は、Hart-Scott-Rodino AIT にもとづいて、DOJ によって審査される[19]。従来、長い間、DOJ は管轄する合併の競争制限的効果を判断する際には、①合併当事者の市場占拠率（market share）、②当該合併が行われる市場集中度（concentration ratio）、③当該合併が行われる集中化の傾向、を重視する基準によっていた。1982 年に採用されたガイドラインでは、この関連で、ハーフィンダール・ハーシュマン指数（HHI）が採用され、それ以降、多くの判例がこれに依拠している[20]。

　最近の変化を画するものは、1992 年、1997 年、2000 年のガイドラインである。1992 年のガイドラインでは、HHI を基準に訴追を行う方針を廃止し、HHI については市場支配力を推定する指標としている。1992 年のガイドラインとそれを継承する 1997 年のガイドラインは、従来のものと異なり、効率性を含め統合化に踏み込んだものとして特徴的な内容となっている[21]。それには、以下のような 5 つの分析プロセスが示されている。第 1 は、当該航空会社が

19　届出制の要件として、取得者または被取得者のいずれかが州際商業または州際商業に影響を与える活動に従事しており、合併の結果保有される株式または資産が 5,000 万ドルを超えること、などを定めている。

20　ハーフィンダール・ハーシュマン指数（HHI）の適用経過と内容については、ハバート・ホベンカンプ（荒井弘毅ほか訳）(2010)、276-281 ページ、Hanlon, P. (1999), pp.61-69 を参照のこと。

21　U.S. Department of Justice and the Federal Trade Commission, *1997 Merger Guidelines.*

運航する関連の市場の確定を行うことにある。個々の2都市間レベルでの競争の影響を評価する。第2は、特定の2都市間で統合企業が市場支配力を発揮するかどうかを評価する。運賃上昇の可能性について検討が行われる。第3は、他の競争者、新規参入が統合会社の市場独占力の増加を打ち消すことができるかどうかを評価する。ガイドラインは、それがタイムリーに、充分に、傾向として起こりうることを条件にしており、参入期間の範囲を2年とし、実証的な裏づけを求めている。第4は、合併それ自体で固有に生じた効率性が認識できることにある。これには、拡張された路線ネットワークとシームレスなトラベルの拡大によるサービス向上、統合によって生じるコストの節減などが含まれる。これらがあくまで、コード・シェアリング協定やアライアンスなどのような代替策によってでなく、合併それ自体によって生じることを検討している。第5は、M&Aがなかったら、いずれかの企業が市場から撤退し倒産する可能性があるかどうか、統合のパートナーの財政的状況の評価にある。ガイドラインによれば、その場合であっても、合併が市場支配力を高めるかその実施を促進させる傾向にないとされている。なお、この5つについてステップによる段階を踏むのではなく、総合的・統合的な検討によるものとしている。

　さらに、2000年のガイドラインは、基本的枠組みと考え方は従前のものと同じであるが、一層、多様な要素を含むようになっている[22]。主要な内容は以下のように示される。第1は、従前のガイドラインは関連市場の画定を第一段階とし5段階の分析を行う手法であったが、合併の影響の判断は単一の手法によってではなく、事業ごとの各種の手法と証拠を用いて行うこと、関連市場の画定を合併の競争効果を分析する1つのツールとしてとらえることとしている。第2は、反競争効果の証拠（Evidence of Adverse Competitive Effect）の要素が取り入れられていることである。証拠について、合併の結果予想される実際の効果、経験にもとづく直接の比較、関連市場での市場シェアと集中、合併による競争促進的な事業者の消滅の可能性に類型化し、それぞれ考慮すべき点を例示し、これらの証拠を合併当事者、消費者、その他の関係者

22　U.S. Department of Justice and the Federal Trade Commission, *2010 Horizontal Merger Guidelines*.

から収集し分析するとしている。その他、関連市場を画定するための SSNIP（hypothetical monopolist test）についての例示を含めた実際の適用、詳細な審査や訴追が必要となる集中度基準の緩和、合併の結果によって競争者が減少し市場支配力が強化されて生じる単独効果（unilateral effects）について技術革新に及ぼす効果を含めての考慮、合併の結果によって競争事業者間に生じる協調行動により生じる反競争的効果について反トラスト法上は非難されない行為についての考慮、新規参入が容易で合併により市場支配力が強化されない場合の分析の簡素化、強力な買い手や競争的な買い手どうしの合併および部分的買収、についての要素の取り入れに特徴がみられる。

　一方、DOT は、自ら M&A についての競争面などでの分析を行うが、DOJ が反トラスト法に従った責任を負うのに対し、DOJ に対するアドバイザリーの役割を果たすにとどまる。合併承認された企業の運航責任、財務、安全面などでの審査を行う。

6. 規制緩和下の合併の経緯と特徴

　米国の航空輸送産業は、図 3-8 でみるように、発展の初期の頃から数多くの合併を多く経験している。なかでも、突出して件数が多いのは、1978 年の規制緩和の直後から 1990 年代はじめの期間である[23]。この時期には、主要な航空企業はほとんど例外なくこの波にもまれて、メジャー 8 社に収斂される結果となっている。合併の審査の権限は、1988 年に DOT から DOJ に移管された。1988 年以降は、航空会社は幾度かの厳しい経営危機に見舞われたが、合併で承認された件数は少ない。

　2000 年に入ると、図 3-9 でみるように、合併承認は 2005 年までのわずかながらの復活、しばらくの間の断続を経て、2008 年以降の連続的な大型合併が続いている[24]。2005 年までの代表的なものに、2001 年のアメリカン航空による経営破綻した TWA の合併吸収、2005 年のアメリカウエスト航空による経営破綻した US エアウェイズの合併吸収があげられる。アメリカン航空の TWA

23　塩見英治（2006）、319-329 ページを参照のこと。
24　Mercado, Felix J. (2011), pp.18-20, pp.111-112.

第3章 米国の航空市場環境の変化と競争政策　73

図3-8　米国航空会社の合併の経緯

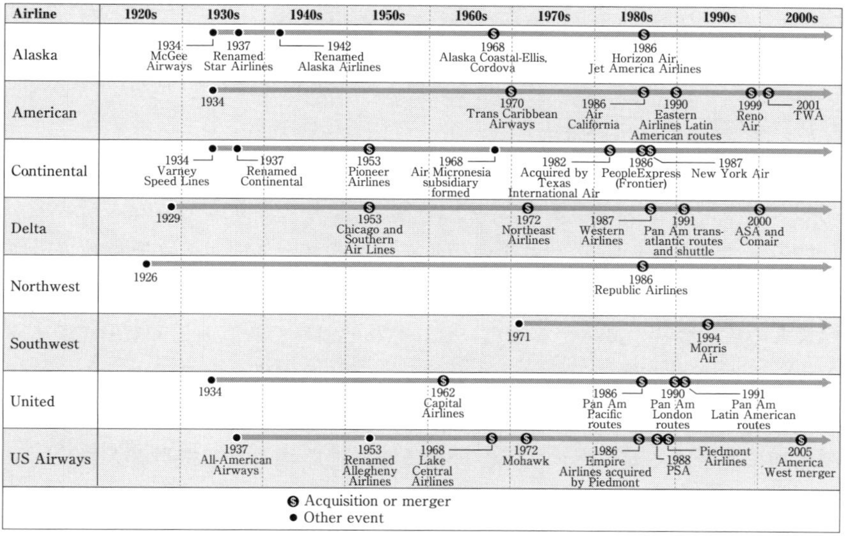

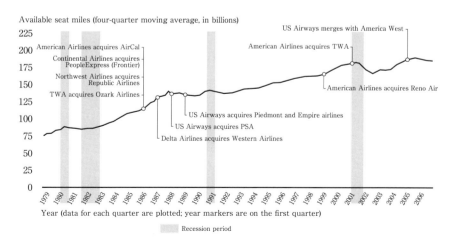

出所）U.S. General Accounting Office (2008a), p.8.

図3-9　米国に航空供給力と主要航空会社の合併

出所）U.S. General Accounting Office (2008a), p.11.

の合併は、当時、有償旅客マイルシェア20％を超える業界1位の地位をもたらした。DOJの承認は、競争維持のために準拠すべき条件を付けなかったが、両社が運航するシティペア市場でほとんどオーバーラップがないDOJの判断によるものである。アメリカウエスト航空のUSエアウェイズの合併吸収は、経営破綻に陥っていたUSエアウェイズの社名を継承する形で決着をみた。

　その後、断続し、2008年のデルタ航空のノースウエスト航空の合併吸収、2010年のコンチネンタル航空とユナイテッド航空の合併といった大型合併が続いて承認されている。2008年のデルタ航空のノースウエスト航空合併吸収のケースは、当時、旅客数で米国業界の3位と5位の合併で、これにより世界最大の航空会社の誕生となった。それぞれの強みであるアジア太平洋のネットワークと中南米のネットワークを補完し、国内市場、国際市場ともに路線網を拡大することによって利用者の利便性を高めること、フライトの選択肢の増加に適合する航空機の投入、一部重複した路線や航空機数、人員の削減などによって輸送効率の改善がもたらされることなどの評価により、承認がなされた。

　2010年のコンチネンタル航空とユナイテッド航空の合併については、最新のケースである。その内容について具体的に検討してみよう[25]。この合併により、新会社の持ち株会社をユナイテッド・コンチネンタル・ホールディングスとし、新会社としてユナイテッド航空の名称が継承された。合併によって、資産総額と営業収入で第2位、従業員で第1位の規模を築くことになった。航空機は総計692機になるが、B757を中心にB767、B777などの機種の共通部分があり、この点も統合の容易性を高めた。表3-1でみるように、ユナイテッド航空はワシントン・ダレス、シカゴ、サンフランシスコ、デンバー、ロサンゼルスに拠点ハブを有し、一方、コンチネンタル航空はヒューストン、ニューアーク、クリーブランドに拠点ハブを有し、そこからフィーダーで多くの諸都市とネットワークを形成している。これらすべてを結束するとすれば、2航空会社間の空港ペアの組み合わせで、かなりのオーバーラップが生じるが、そのほとんどが、少なくとも1社以上の互いの競争者が存在しており、

25　U.S. GAO (2008), pp.12-20, Mercado, Felix J. (2011), pp.24-29.

第 3 章　米国の航空市場環境の変化と競争政策　75

表 3-1　ハブ空港での旅客市場のシェア（2009）

Continental hub airports	Continental share（%）	United hub airports	United share（%）	Total （%）
Houston（IAH）	72		5	77
Newark（EWR）	68		5	73
Cleveland（CLE）	53		6	59
	1	Washington Dulles（IAD）	51	52
	4	Chicago（ORD）	38	42
	6	San Francisco（SFO）	33	39
	4	Denver（DEN）	29	33
	6	Los Angeles（LAX）	17	23

出所）Mercado, Felix J.（2011），p.28.

　また、年間 520 万人の旅客の実績がある空港について、有効競争者の数が単独もしくは 2 社のみになるのはきわめて少ないこと、13,515 の空港ペアについて、有効競争者が限られてくるのは 1,135 空港ペアにすぎず、わずかに 10 空港ペアのみ合併によって有効競争者がいなくなることが指摘されている。

　加えて、有効競争者が限定される 13,515 の空港ペアのうち 431 で LCC が存在するために、運賃への影響が少ない。併せて、表 3-1 でみるように、それぞれのハブ拠点空港でオーバーラップの市場占拠率は、一部を除き、全体として著しい水準にはないとされている。国内の双方のネットワークの補完ができること、国内 4 大都市を含む 10 都市にハブ空港を有し、航空路線が少ない中小都市にも比較的充実した航空サービスを提供できること、国内から外国の 100 以上の都市を結ぶ路線網の拡大によって利用者の利便性を高めることができる評価により、承認がなされた。なお、コンチネンタル航空のハブ空港の 1 つであるニューアーク・リバティ国際空港の発着枠の占有率が高まることが承認のバリアになっていたが、この問題は 36 の発着枠をサウスウエスト航空に譲渡することで解消された。

　なお、これまでに、このほかの合併への取り組みはなされてきたが、DOJ、労働組合、金融機関などの反対などから失敗に終わっている[26]。例示すると、2000 年に提案されたノースウエスト航空とコンチネンタル航空の合併、ユナ

26　Mercado, Felix J.（2011），p.129.

イテッド航空と US エアウェイズとの合併、2006 年の US エアウェイズとデルタ航空との合併となる。ノースウエストとコンチネンタル航空のケースでは、両社の間でのコード・シェアリングと共同マーケティングの提携が進んでいたが、さらにノースウエストのコンチネンタル航空に対する吸収の申し出に対し、DOJ の反対があり、最終的な裁定が出る前に、前者の後者に対する 50％の株の取得で合意をみた。DOJ の反対は、吸収によって、寡占状態にある両社のハブ空港を結ぶ 7 つのシティペア市場で利用者の便益を著しく減少させる可能性があり、大きな競争者がなくなることによる広範な潜在的影響にもとづいていた。ユナイテッドと US エアウェイズのケースでは、DOJ は、申し出に対し、売上収入規模で 160 億ドルを計上する 30 の市場で独占または寡占となり、これによって運賃が引き上げられ、米国国内全域と国際路線の一部での利用者の便益が損なわれると結論づけている。DOJ は、とりわけ、両社のハブ空港を含む直航のシティペア市場、両社によって運航される東海岸の他の直航便市場、東海岸に沿った両社によって運航される接続便経由の市場の一部、両社か片方 1 社によって以前に占められていた市場の一部で、競争が低下する可能性を指摘した。US エアウェイズとデルタ航空のケースでは、経営破綻のデルタが最終的にはデルタが US エアウェイズとの合併を望まなかったために申請が取り下げられた。

　以上の承認ケースにみられるように、近年の DOJ の裁定には、利用者便益と効率が重視されるようになっている。DOT の裁定は、定性的なものでない。審査を行う時点での競争判断と市場条件が左右していると判断される。これには、航空産業の構造変化と、これをうけて改定されるガイドラインが影響を与えている。DOT の審査は依然として厳しいものの、2000 年以降、一定の承認の推移にあるのはこのことによるものである。

7. 市場条件の変化とガイドラインの変容

　1990 年代以降、航空輸送市場での競争は、LCC の成長と拡大によって促進されるようになっており、2000 年以降には、ネットワーク・キャリアの市場支配は緩和される経過をたどっている。現在、旅客数の約 8 割が、少なくとも、

LCC が就航する路線で運航を利用している。学術的研究では、近年、LCC の存在が航空産業での競争や価格設定で大きな作用を及ぼしており、とりわけ、サウスウエスト航空がそれらの面で大きな役割を果たしていることが指摘されている。この結果、ハブ空港とノンハブ空港との運賃格差が以前より縮小し、空港ハブの占有から生じる市場支配の妥当性は低下していることが示唆されている。しかしながら、メジャー航空会社のハブ空港で LCC の参入がほとんどないところでは、ハブプレミアムが依然、大きく存在していることも示されている[27]。過去のいくつかのケースで、DOJ は新規参入が潜在的な反競争的効果を打ち消すのにタイムリーであり、充分であることの主張を排斥している。例えば、2000 年に DOJ はノースウエスト航空がコンチネンタル航空を吸収しようとしたとき、DOJ について、潜在的競争の見込みすなわち関連市場での他の航空会社の参入を意味するかを想定するのは非現実的であると説明を行っている。当時のハブのネットワークの経済性を前提に、反競争的な懸念に注意を向けていることが示される。

　ガイドラインは、上記でも述べたように、これまで数回改定されているが、最新の 2010 年のガイドラインは審査過程の透明性を高めるものになっている[28]。そこには、いかに効率性を評価し、それに重きをおくかについて、連邦反トラスト当局の深い認識が反映されている。1968 年には、効率に関する考慮が、専ら例外的事態での防衛策としてのみ許容されている。1984 年に、ガイドラインは、防衛策というよりむしろ、競争的効果分析の一環として効率性を組み込むための改定がなされている。しかしながら、そのガイドラインは、合併によってそれ自体で効率性が達成されることの明確で確信的な証拠を求めている。基本的に、ハーフィンダール・ハーシュマン指数（HHI）がガイドラインで採用された 1982 年代以降は、DOJ が管轄する多くのケース、多くの判例において、HHI に依存している。1992 年のガイドラインは、「明確で確信的な」基準が消去されるよう改定されている。1997 年の改定は、効率が認識できるようにしなければならないこと、すなわち、合併固有の効率が立証さ

27　Borenstein, Severin (2005), pp.1-5, Abda, Mehdi B., Belobaba, Peter P. and Swelbar, William S. (2012), pp.21-25.
28　松下満雄・渡邉泰秀 (2012)、128 ページ。

れ、サービスあるいは産出の削減からのみ生み出されるものではないことが要件とされた。効率性を考慮するにあたって、DOJ は効率がそれぞれの市場で反競争的効果を打ち消しうるかどうかに重きをおいた。ガイドラインによれば、一部のケースでは、合併の効率性は、関連市場で厳密には存在しない。それと複雑に連結しているために、一部の資産譲渡などの他の修正が、他の市場での効率性を犠牲にすることなしには、関連市場での反競争的効果を容易に排除することはできない。これらの条件のもとで、DOJ は、損害が発生する他の市場で効率性、全種類を含む効率性を考慮に入れる。DOT と外部のエキスパートによれば、ガイドラインの展開は、効率性の考慮について明確性をはかる意図、合併の審査のプロセスで効率性が重要な要素であることを反映している。2000 年の改定では、さらに効率性が多様な要素との関連でとらえられるようになっているのは、前述したとおりである。

8. アメリカン航空の Chapter 11 の適用と
再生自立・合併の行方と帰結

2011 年 11 月に、アメリカン航空の親会社の AMR コーポレーションが Chapter 11 の適用申請を行った。現在までの経過と観測については以下のようになる[29]。以下、同社は、国内メジャーのキャリアで、唯一、これまで適用せずにきていた企業であっただけに、最近の航空ビジネスの厳しさを大きく印象づけるものになっている。今回の申請の要因としては、①景気や燃料費の高騰などによる赤字計上（2010 年 15 億ドル、2011 年 4 億 7,000 億ドルの連続赤字計上）、②労働組合の人件費引き上げ要求に関する交渉（とくに過去 5 年間パイロット組合との交渉の行き詰まりと、最近の会社側との接触の拒否）、会社側の年金・ベネフィットの改定要求の打開、③競合他社に比べて相対的に高い人件費等を中心とする高コスト構造の解消、生産性の改善の期待、などがある。一方、非拘束の現金と短期投資を含む合計 41 億ドルの資金を有しており、DIP ファイナンスへの依存が低いのが特徴である。まさに、このことは、米国の Chapter

---

29　New York Times, Nobember 29, 2011, American Airlines, Inc. (http://www.aa.com/118n/amrcorp).

11 の戦略的意味合いを印象づけるものになっている。

　こうしたなかで、2013 年 2 月、アメリカン航空の親会社である AMR は、US エアとの合併計画を報じた。2013 年 12 月に US エアウェイズは、スターアライアンスを脱退し、翌月の 31 日からワンワールドに移籍するとの発表をした。新生アメリカン航空が実現すれば、世界最大の航空会社になる。これをうけて、司法省は、競争を減じ、運賃水準が上がる判断で、2013 年 8 月に合併を阻止するために裁判所に提訴した。これに対し、両者は、提訴に対抗し、合併を貫くと言明した。一部の乗客グループと旅行代理店の合併阻止の動きもあった。2013 年 10 月に、司法省は、提訴を取り上げた。2013 年 11 月 12 日に、司法省は和解した。和解の条件は、7 主要空港でランディング・スロットか、ゲートを譲り渡すものであった。具体的には、ロナルド・レーガン・ワシントン・ナショナル空港で 104 スロット、ラガーディア空港で 34 スロット、オヘア国際空港、ロスアンゼルス国際空港、ローガン国際空港、ダラスラブフィールド空港、マイアミ国際空港での 2 ゲートの売却となる。このうちのスロットの一部は、ジェットブルーやサウスウエストのような LCC に売却される。司法省は、これによって、消費者の競争的航空運賃の選択の幅が増え、システムワイドに競争が高まると判断した。2015 年 4 月に単一会社として運航する認可を FAA から取得し、2015 年 10 月、新生アメリカン航空が実現し、ワンワールドでの航空連合が持続され、US エアウェイズはそれまでの自社ブランドでの運航を停止し消滅した。

　このように、大幅な権益の割譲を条件とする合併は、この段階の合併を象徴しており、実現までの従来の別会社としての存続、司法省のモニターは、米国の合併を特徴づけている。

9. まとめ

　国内市場での LCC の影響、国際市場でのオープンスカイの展開などにより、2000 年以降、競争のさらなる促進が引き起こされている。市場全体としては、国内市場での需要の低迷もあって、国際市場へ大きなウェイトをおくようになっている。外部要因としては、2006 年頃から、燃料費の高騰が続き、燃料

費の営業費に占める割合が３割台に達し、今後とも経営にとって不安定材料になっている。競争構造の変化に対応し、ネットワーク・キャリアは、料金収入を多様化し、人件費をはじめとする費用を削減するなど合理化を促進する経過をたどっている。LCC とは依然として生産性の格差はあるものの、ユニットコストなどの面で費用格差を縮小している。費用低下に寄与しているのは、採算性が低い路線についてのリージョナルキャリアへの運航委託、Chapter 11 の適用と M&A などによる組織改革である。Chapter 11 の適用は、とくに労働契約の見直しによる人件費とベネフィットの低下への影響が大きいといえる。M&A の実施のための DOJ の審査要件もきめ細かな基準のもとでの効率重視へとシフトしており、移管後の体制下では緩和の方向にある。Chapter 11 の適用以降の M&A の選択は、ネットワーク連携の変化からアライアンスの効果に影響を与えるもので、今後のアライアンスの再編を左右する可能性を孕んでいるといえる。

【参考文献】

一般財団法人運輸政策研究機構国際問題研究所（2011）『アメリカ航空産業の現状と今後の展望』。

塩見英治（2006）『米国航空政策の研究』文眞堂。

ヒット M. A., アイルランド R. D., ホスキソン R. E.（久原正治・横山寛美訳）(2010)『戦略経営論』同友館。

フェリエル J. & ジャンガー E. J.（米国倒産法研究会訳）(2011・2012)『アメリカ倒産法（上）（下）』LexisNexis。

福岡真之介（2008）『アメリカ連邦倒産法概説』商事法務。

ホベンカンプ H.（荒井弘毅・大久保直樹・中川晶比兒・馬場文訳）(2010)『米国競争政策の展望』商事法務。

堀内秀晃・森倫洋・宮崎信太郎・柳田一宏（2011）『アメリカ事業再生の実務』金融財政事情研究会。

松下満雄・渡邉泰秀（2012）『アメリカ独占禁止法（第 2 版）』東京大学出版会。

Abda, M. B., Belobaba, P. P. and Swelbar, W. S. (2012), Impact of LCC Growth on Domestic Traffic and Fares at Largest US Airport, *Journal of Air Transport Manegement*, 18.

Barla, P. and Koo, B. (1999), Bankruptcy and Pricing Strategies in the US Airline, *Transportation Research*, E35.

Borenstein, A. and Rose, N. (1995), Bankruptcy and Pricing in US Airline Markets, *American Economic Review*, 85, No.3.

Borenstein, Severin (2005), U.S. Domestic Airline Pricing, 1995 – 2004, *Institute of Business and Economic Research*, paper CPC05048, Competition Policy Center, University of California, Barkeley.

Hanlon, P. (1999), *Global Airlines*, Pat Hanlon.

Jagdish, H. Sheth et al. (2007), *Deregulation and Competition*, Response.

Mercado, Felix J. (2011), *Airline Industry Mergers*, NOVA.

Morrell, Peter S. (2007), *Airline Finance*, Ashgate.

Morrison, S. and Winston, C. (1995), *The Evolution of the Airline Industry*, The Broookings Institution, Washington, DC, USA.

U.S. General Accounting Office (2008), *Airline Mergers: Issues Raised by the Proposed Merger of United and Continental Airlines*, GAO-10-778T, Washinton, DC, May 27.

U.S. General Acconting Office (2008), *Airline Industry: Potential Mergers and Acquisitions Driven by Finacial Competitive Pressures*, GAO-08-845, Washinton, DC, July 31.

U.S. Department of Justice and the Federal Trade Commission, *1968 Merger Guidelines*.

U.S. Department of Justice and the Federal Trade Commission, *1982 Merger Guidelines*.

U.S. Department of Justice and the Federal Trade Commission, *1984 Merger Guidelines*.

U.S. Department of Justice and the Federal Trade Commission, *1992 Merger Guidelines*.

U.S. Department of Justice and the Federal Trade Commission, *1997 Merger Guidelines*.

U.S. Department of Justice and the Federal Trade Commission, *2010 Horizontal Merger Guidelines*.

A4A (Air Transport Association), 2010 Economic Report.

第4章

米国市場における LCC の新規参入と経済的影響
― 2000 年以降のジェットブルーの新規参入と
構造変化を中心に―

1. はじめに

　米国の規制緩和は、運賃と参入の規制をドラスティックに撤廃し、事業者と路線への市場参入を著しく促した。企業は、規制緩和の下で市場対応のための戦略性を重視し市場競争を高めた。経済学では、一般的に参入・退出のメカニズムは、市場均衡を媒体に利潤獲得・喪出によって働くものと考えられるが、LCC の参入は既存企業との競争と反応を経て、行動する。当該企業にとって、将来の期待収益を見込み過剰供給気味に傾くとも考えられる。米国航空市場では、市場均衡と期待収益を見込んだものとの2面がみられる。ともあれ、典型的に規制緩和が発展した米国では、1990 年度後半以降、LCC の市場参入が高まり、市場構造が大きく変わった。いかなるビジネスモデルで参入し既存の大手企業がいかなる反応を示すかが識者の関心対象となる。

　本章は、典型的に規制緩和が進展した米国航空市場を対象に、LCC の市場参入の経過と特質、市場構造変化、企業行動に与える影響と変化について考察を行う。最後に、日本航空市場との対比を行うものである。なお、2000 年以降のジェットブルーの市場参入に関しては、Huschelrath and Muller[1] の分析

1　Huschelrath, Kai and Muller, Katherin (2013), pp.13 - 57, Forsyth, P., et al. edit. (2013) に所収。併せて、Wu, Steven M. (2011), pp.18-20 を参照している。

を手がかりが考察を行う。

2. CAB 規制下の参入制限と競争制約

1938 年以降、1970 年代の規制緩和の段階まで、厳格な規制統制が示される。経済的規制は産業統一的な総括原価にもとづく運賃統制、既存の大手企業を保全する参入統制を基本に実施された。運賃は横並び、便数競争に傾斜して、結果として、過剰設備傾向に陥り、ロードファクターは低下し、運賃は高値で利潤率は低下する悪循環にあった。参入については便宜と公益性を基準に厳格に統制され、1950 年から 1974 年の間、州際航空企業の設立申請が 79 件なされたがこのすべてが斥けられている[2]。

3. 市場参入と新規企業の動向——4つの波

競争関係を、新規企業の動向と市場環境の変化との関係に着目すると、おおよそ、4つの変化の波動を指摘できる。第1の波は規制緩和導入当初の頃の波である。景気が後退した時期である。景気後退は規制緩和に好都合とされる。それ以前は、トランク、ローカル、コミューターといったように、市場分野別のグループ区分がなされている。なお、1978 年の航空規制緩和法は、運賃規制と参入規制の最終的な完全撤廃を含むドラスティックな内容であったが、エッシェンシャル・エアサービスのような小都市でのサービス維持、一部の労働保護など保護・助成事項を含んでいる点に特徴があった。規制緩和によって企業の事業活動が活発化し市場で活動領域が拡大した。以前、州内で就航していた州内企業の州際事業への参入、新規企業の設立による参入、既存企業による参入によって、これら企業間での激しい競争が展開された。サウスウエスト企業は以前の州内企業からの参入で LCC の参入にあたるが、この時期の参入は典型的な LCC 以外の企業が主要な担い手であった。People Express のごとき、いわば有効な戦略なき安売りの企業などが新規企業を先導してい

---

2 塩見英治 (2006)、112-120 ページ。

る。新規企業は、景気後退期にあたり安価で調達し、これをもとに、低コストでの経営を行い低運賃での競争力をもった。新規企業のマーケットシェアは 1985 年でのピークを迎えるまで一貫して上昇している。厳格な労使関係に左右されない低い人件費が影響を与えている。規制緩和後、航空企業のグループ区分は、メジャー、ナショナル、リージョナルなど、収入規模によるようになっている。

　第 2 の波は、1980 年代半ば以降、1980 年代末までの波である。この時期には、大手のネットワーク企業は、巻き返しをはかる。新規企業の倒産、大手企業の合併施策など企業の集約が相次ぐなかで、差別化戦略によってである。しかし、一方、典型的な LCC にあたるサウスウエスト企業の路線参入は早くもみられる。これについて、米国の運輸省は、著しい旅客増加と運賃低下の相乗効果があったことから、1990 年代末までの時期この現象について、「Low Cost Airline Service Revolution」と称している[3]。1980 年代後半から 90 年代の新規企業の参入は、サウスウエスト企業が主導している。合併促進は 1990 年代はじめの時期にかけて、Contestable Market Theory の影響を受け相次いでなされた。潜在的競争力を重視して、大型合併が当局より承認される。しかし、この段階の末には、LCC の参入は沈静化しマーケットシェアもやや低下するが、サウスウエスト企業など、低運賃の競争圧力は強く、消費者便益に大きな影響を与えていることが認識されているのは注目される。

　第 3 の波は 1990 年代末以降の時期である。サウスウエスト企業が市場シェアを大きく伸ばし、2000 年以降には、2 大 LCC 勢力として、ジェットブルーが市場参入を果たす。上位路線で、表 4-1 で示されるように、LCC が複数占めるようになっている。市場集積もジェットブルーに関しては、低コストを実現しつつ差別化要素を有する点で特徴的である。旅客市場条件もデフレ的経済環境の変化から、ビジネス客も旅行費用の関係から、LCC 利用に傾斜するのも 1990 年代末以降の時期である。2004 年以降には、燃料費の高騰と LCC の躍進に象徴される。市場参入活動で LCC がネットワーク企業（NWC）を上回るようになる。1990 年代末からの大幅な変化を反映し、1995 年から 2009 年

3　塩見英治（2006）、216-236 ページ。

表 4-1 米国、定期航空産業の市場シェアの推移（有償旅客マイル）

	1978 年		1985 年		1992 年	
1 位	ユナイテッド	17.0	アメリカン	13.1	アメリカン	20.3
2 位	アメリカン	12.5	ユナイテッド	12.3	ユナイテッド	19.3
3 位	パンナム	12.5	イースタン	9.9	デルタ	16.8
4 位	TWA	11.7	TWA	9.5	ノースウエスト	12.2
5 位	イースタン	10.9	デルタ	9.0	コンチネンタル	9.0
6 位	デルタ	10.1	パンナム	8.1	US エア	7.3
7 位	ウエスタン	4.4	ノースウエスト	6.7	TWA	6.0
8 位	コンチネンタル	4.2	コンチネンタル	4.9	サウスウエスト	2.9
上位 4 社	53.7		44.8		68.6	
上位 8 社	83.3		73.5		93.8	
上位 12 社	94.7		86.0		98.3	
	2003 年		2009 年		2013 年	
1 位	アメリカン	18.3	デルタ	21.1	サウスウエスト	15.0
2 位	ユナイテッド	15.8	アメリカン	15.9	デルタ	14.8
3 位	デルタ	13.6	ユナイテッド	13.0	ユナイテッド	11.1
4 位	ノースウエスト	10.4	コンチネンタル	10.0	アメリカン	10.8
5 位	コンチネンタル	8.7	サウスウエスト	9.7	US エア	7.1
6 位	サウスウエスト	7.3	US エア	7.5	エクスプレスジェット	4.1
7 位	US エア	5.8	ジェットブルー	3.5	ジェットブルー	3.7
8 位	アメリカウエスト	3.2	エアトラン	2.4	スカイウエスト	3.4
上位 4 社	58.1		60.0		51.7	
上位 8 社	83.1		83.1		70.0	
上位 12 社	89.8		89.3		78.6	

出所）ATA, Annual Report-Fact & Figures, Airline Statistics.

の期間をみると、収入旅客マイルが増加し、プレイヤーも変化している。LCC
のキャパシティでのシェアは、2000 年初頭の 17.6％から 2009 年には 21.9％
に増加している。表 4-1 のように、2009 年には、取り扱い旅客シェアで上位
10 社中、3 社が LCC によって占めるようになっている[4]。しかし、1998 年から
2000 年度後半から末にかけて、デルタのソング、united の Ted など、大手の

---

4 Forsyth, P., Gillen, D., Huschelrath, K., et al. edit. (2013), p.26.
  Research and Innovate Technology Administration, Bureau of Transportation Statistics
  （2013）のデータによる。

NW 企業が子会社を設立し運航するが、設立後 5 年以内に失敗の経緯をたどっている[5]。大手子会社での失敗傾向は欧州でも示される。

4. 参入パターンと参入活動の変化

　米国国内市場での規制緩和後の参入活動には、図 4-1 で示されるように、波動性はあるものの、一貫して増勢であるのが特徴的である。規制緩和当初は、州内航空企業、チャーター企業など、州際航空企業の市場には、大きな参入がみられた。その後、参入は緩やかになるが、2000 年以降も継続している。再び、参入の大きな波がみられるようになる。景気が落ち込んだ 1990 年代に入っても持続している点は特筆すべきである。上位 10 位での市場シェアでは、全体では次第に低下し、LCC が複数食い込むようになっているが、それらの優良企業は収入では大手グループに入るようになっている。路線市場数は、1995 年の 1,960 路線から 2009 年の 2,658 路線に増加している。参入活動をネットワーク企業と LCC と区分して比較する。この間の参入路線市場の絶対数は、LCC が 1,137 であるのに対し、ネットワーク企業が 1,205 であるが、2000 年代についてみると、2003 年以降、MWC の参入は下降し、LCC はこれを上回る増加を示している。一方、市場退出に関しては、企業単体で捉えられない。ネットワーク企業は、合併、破産法の適用による事業残存、路線統合・整理の複雑な経緯をたどるからである。絶対数でみると 1996 年から 2009 年にかけて、ネットワーク企業が 2,247 であり、LCC が 391 で圧倒的に下回っている[6]。したがって、参入企業の平均生存率をみなければならない。ネットワーク企業が約 41％で、LCC が約 67％でかなり高い。旅客数に関しては、規制緩和後、全体として増勢傾向にあるが、具体的にみると、ネットワーク企業が 2000 年代に入って一時下降し 2002 年に再び持ち直すが、2007 年以降、再び下降しているのに対し、LCC は 2007 年まで一貫して上昇しているのが特

5　Macario, R., Van de Voore, Eddy. edit.（2011），p.61. 欧州でも、同様の破産、倒産の経過をたどっている LCC は多い。企業組織・文化などに原因が求められる。

6　Huschelrath, Kai and Muller, Katherin（2013），pp.35-36, 塩見英治（2002）、681-693 ページ。

図 4-1　米国内上位 1,000 路線の市場における参入路線数の比較

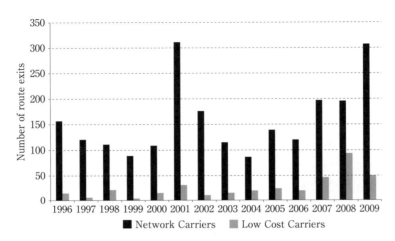

出所）Huschelrath and Muller (2013) p.35.（US DOT データ・資料による）。

徴的である。このように、LCC の残存率は長期的にみると、相対的に高い。

　ネットワーク企業は、競争対抗策を打ち出すが、景気の変動と対抗 LCC の競争圧力を受けやすく、変動性は一層高いといえる。定期航空サービスの空港 2 都市間全体数を比較すると、規制環境のもとで、1995 年に 1,962 の市場であったのが 2009 年には 2,658 の市場に増加している[7]。就航市場の構成は、どうであろうか。競争関係との関連で、この点は重要なポイントである。この間、寡占 2 - 3 社の就航市場が増加しており、ネットワーク企業と LCC の重複路線が増加しているのが示される。短距離運航を主体にしていた LCC の戦略の変容が反映していると思われる。2 社就航の重複路線は、1995 年にわずかに 104 市場であったのに、2009 年には 305 路線に増加している[8]。LCC の距離帯別の市場参入の比率では、距離帯について、1,500 マイル以上を長距離、751 - 1,500 マイルを中距離、750 マイル以下を短距離と区分した場合、1996 年と 2009 年の間、短距離では 48％、中距離では 48％、長距離では 18％となり、1997 年 - 1998 年には短距離が約 6 割を占め主軸であったのが、それ以

7　Op. cit., p.28.

8　Op. cit., p.29.

来、かなり低下し、2004 年に 14％のレベルになっている。これに対し、中距離は 1997 年に 26％であったのが 2003 年に 64％のシェアに増加し、短・中距離の縮小の面にビジネスモデルの変容がみられる[9]。長距離においても 2004 年に 29％のシェアを占めているが、この間、撤退動向も多いことから、今後も継続するかどうか長期的な観測を要する。

5．LCC の上位路線と新路線への参入・路線構造の変化

　最大上位 1,000 位の直航 2 都市路線の参入ではどうであろうか。企業上位ランクでの市場シェアが高くなっていることから、具体的検討を要する。1996 年から 2009 年の間、ネットワーク企業が 507 市場で LCC が 491 市場とネットワーク企業がわずかに上回るが、2007 年度を除き 2004 年以降は、LCC が年間平均参入数で上回っている。LCC は 1997 年に 22％のシェアが 2004 年には 57％のシェアを占めるに至っている。しかし、総参入数をふまえると、大半が小市場で生じていることがわかる。この面でも、短距離を主体に戦略展開していた LCC の変容が示される。基本の戦略は短・中距離運航で機材の稼働率を高め、地上駐機を削減し、回転率を高めることによって生産性の向上をはかることであるが、一部、長距離路線の運航は、人キロの向上によって、ジェットブルーの戦略のように、単位コストを削減できる。2009 年度についていえば、国内全旅客数の 81.6％が高密度路線の上位 1,000 市場で利用されている。しかし、最大上位 100 路線でさえ、LCC の参入を反映し、LCC を加えた寡占市場が増加し、図 4-2 のように、ネットワーク企業と LCC の重複就航が進んでいることに注目しなければならない。この上位市場では、ネットワーク企業 LCC の重複は 1995 年にわずかに 18 市場であったのが、2009 年には、45 市場に増加している[10]。都市間直航市場の参入で、1990 年代はネットワーク企業の増加が目立つが、2000 年代になると、LCC の増加が目立つ。しかも、近年、増加傾向にある。新路線は成熟するまでに時間を要する。何を意味するか。戦略に低コスト、効率化を併せもつハイブリッドな面がみられること

9　Op. cit., p.40.

10　Huschelrath, K. and Muller, K. (2013), p.378.

図 4-2　上位 1,000 路線市場における参入企業数比較

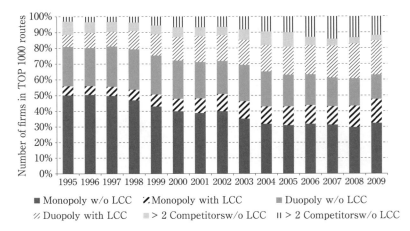

出所）Huschelrath and Muller (2013) p.29. （US DOT のデータ・資料による）。

から、ネットワーク企業は、近年、参入に慎重になっており、ビジネスモデルを模索していることがうかがえる[11]。

6. 事業ビジネスモデルの典型と変容

　LCC のルーツは、1971 年のサウスウエスト航空の誕生にさかのぼる。CAB 規制下で、ハブ・ケーラーが創設した低コスト戦略をとるテキサス州内運航の企業で、規制緩和後にもっとも成功、成長したサウスウエスト企業である。そのビジネスモデルは LCC モデルの典型モデルとされ、その後に LCC は世界中にその影響が波及し、そのうち成功した企業の多くがそのビジネスモデルを目標とし、それに追随するか模倣しているとされる。その基本的モデルは、標準化、フラット化に象徴される。実態は地域差、時間経過等によってやや異なっているが、成功している多くが高生産性、低運賃を実現する低コストの経営を行っており、戦略的に、機材、予約システム、ネットワークなどフラット化、標準化の方策をとっている。

11　Op. cit., pp.37-38.

第 4 章　米国市場における LCC の新規参入と経済的影響　91

　成長要因には、企業家精神、人口と所得、観光の振興、空港・地域振興、インターネット・ウェブなどの情報環境の要因が複合的に絡むが、決定的なドライブをかけているのは、戦略要因であり、具体的には、ポイント・ツー・ポイントのネットワーク、単一の機材、インターネット予約、二次的空港の使用、ノン・フリルサービスの提供、高い機材の稼働率などである。以下、地域差、時間経過などを加味し、ビジネスモデルについて、特に高生産性の主要因について、検討してみたい。

　概して、 LCC はブロック時間あたり乗務員のコストは低い[12]。これは、機材の有効利用と関連。結果として、折り返し時間を短縮し、高頻度を実現する陸上駐機時間の最大 10 分という短縮に結びついている。また人件費には、生産性を高めるインセンティブ要素があり、LCC のなかにもサウスウエスト航空のように高年収の企業もみられる[13]。これは生産性、高収益によって相殺されている。営業費比率では、平均では、近年、ネットワーク企業と比較すると比率では上回っている。人件費は、航空会社にとって統制できる最大のコスト要因の 1 つである。ネットワーク企業は破産法の適用・再生、合併によって克服している。混雑空港では自ずとこうした戦略に制約があり、混雑しない二次空港を選好する傾向がある。

　機材に関しては、サウスウエスト航空は、ボーイング 737 を使用し、単一機材のパイオニアである。LCC は、現実には多くが単一機材かそれに近い複数機材を使用している[14]。シングルフリート使用の利点は、部品の互換性やパイロット等の乗務員訓練費の節約、機材の購入の際の規模の経済の発揮などに代表的に示される。一方、シングルフリーには、不利益性がある。繁忙期に機材の融通が利かない、距離が異なる複合路線で機材の融通が利かない点などである。時間経過により代表的な LCC は国際運航、長距離運航への一部就航により、2 機種使用が増えている。最近では、LCC の参入も 2004 年以降、中距離で顕著な伸びが示され、なかでも成功した LCC は単距離に基本的に軸

12　IATA (2006), p.19, Vasigh, B., Fleming, K. and Tacker, T. (2008), p.378.

13　IATA (2006), pp.16-24.

14　Vasigh, B., Fleming, K. and Tacker, T. (2008), p.38, Huschelrath, K. and Muller, K. (2013), p.40.

足を置いているが、重点を一部、中距離にシフト傾向、長距離国際線への進出もみられる[15]。最近では機材のタイプにかかわらずネットワーク企業も、競争対抗から座席密度を高くし、オールエコノミー座席供給もでている。一方、LCC は座席収納のスペースを広くとり増収をはかる傾向がある。LCC は機材に関し、燃費効率がよい若い機材を使用している。ジェットブルーは追加ルームを設定し、多くのビジネス客を獲得している。LCC は、一般的に収容座席を増やして、座席あたりの収入増を実現しているといえる。

ノン・フリルサービスに関しては、ネットワーク企業も最近ではコスト削減により機内食などを省略する傾向がある。また、オールエコノミーのクラスではノン・フリルが一般的になりつつある。機内食だけに限定されず、ラウンジ使用を制限し、手荷物制限（追加料金）を課す傾向があり、ハイブリッド化の傾向もみられる[16]。2000 年以降に参入を果たし成功を収めたジェットブルーは、一部ではあるが、ネットワーク企業の戦略に類似している。AQR の評価でも、高品質で高いスコアを獲得している[17]。しかしながら、低コスト、高生産性に変わりない。先に参入を果たしたサウスウエスト航空も Blue Jet と同様、2000 年以降、一部、長距離・国際線への進出を進めており、この面から、LCC のハイブリッド化が指摘できる。

ネットワークに関しては、周知のように、ネットワーク企業が、規制緩和後に HSS を押し進めた。この利点は、組み合わせ対の空港数が累増することや、規模の経済による費用節約、乗り換え時間の削減などがあるが、一方、ピーク時処理回数の制約、慢性的 delay が発生し、運航回数、運航スケジュールによって、規模の経済が不利益に転換する。運航先選択の制約によって、人材、機材使用の不効率使用を生じる。HSS 運航によって、高い全体コストを生じる。LCC がとるポイント・ツー・ポイントの利点には、①ピーク制限なし、ネットワーク可能、②高頻度実現による高生産性、③全体コストの削減、規模の経済の実現がある。最近では、Interlining の欠落による不便さも、ネット

15　Forsyth, P., Gillen, D., Huschelrath, K., et al. edit. (2013), p.40.

16　塩見英治（2012）、678 ページ。Research and Innovate Technology Administration, Bureau of Transportation Statistics (2013) のデータによる。

17　Forsyth, P., Gillen, D., Huschelrath, K., et al. edit. (2013), p.44.

第 4 章　米国市場における LCC の新規参入と経済的影響　93

ワーク拡大充実により補償されている。路線も中距離に重点シフト、一部長距離国際線に進出している。

　予約システムに関しては、ネットワーク企業も航空券予約では、IT やメディアへの依存の傾向が高まる。しかし、ネットワーク企業の大多数は、依然、TDA の市場取引を持続させている。1990 年代以降には、Internet、ウェブサイトによる online 指向が高まり、GDS 利用の低下、多様なデジタル販売チャネルの利用がみられる。しかし、LCC の大多数が、第 3 パーティーの agent の使用を回避している。東アジアでは、当初、TDA を利用し、ブランド形成によって、インターネット傾斜の傾向もある[18]。東アジアでは相対的に TDA 依存の傾向がある。東アジアでは、一部に LCC と TDA とのとのコラボがみられるが、一般的にはネットワーク企業も TDA への依存を低下させ、GDS での取引収入も減少させている。

　さらに、LCC は二次的空港を使用する傾向ある。この二次的空港利用は、安い着陸料等使用料、速い回転率、混雑回避の利点がある。空港サイドでは、就航する小空港はコストカバーする不十分な収入で、施設未使用が多い。ここに、誘致する動機がある。LCC が求める要件と二次的空港誘致の条件の合致である[19]。近年アジアでは、拠点空港も受け入れに積極的で、簡易なターミナル施設建設を備える傾向にある。航空と空港の垂直的関係を深め、契約をインセンテイブ施策のなかで工夫をしている。地域経済としても、観光振興、地域振興、雇用効果などが生まれるベネフィットがあり期待がもたれている。

　高生産性は高機材稼働率にも表れている[20]。

　LCC の平均機材稼働率は増加しており、CASM の低下と機材稼働率の向上が相関している[21]。これは、回転迅速化か長距離化にもとづいている。前者は一般的に LCC にみられるが、後者の例はジェットブルーとサウスウエストの一部にみられる。後者は、燃料効率の良さにも関連している[22]。

18　Vasigh, B., Fleming, K. and Tacker, T. (2008), p.379. Macario, R. and Van de Voore, Eddy edit. (2011), pp.60-63, Eldat, Ben-Yose (2005) pp.257-258.
19　Macario, R. and Van de Voore, Eddy edit. (2011), pp.67-68.
20　Op. cit., p.69.
21　Vasigh, B., Fleming, K. and Tacker, T. (2008), p.388.
22　Op. cit., pp.58-62.

7. NWC の競争対応

ネットワーク企業の LCC に対する対応は、次の4つが考えられる[23]。①なにも対応しない。② LCC の小会社を立ち上げる。③対抗するために運賃を低下させる。④運航フライトの増加または機材の拡大によってキャパを拡大する、という策である。短期的には内部補助によって実現可能であるが、長期的に実効的効果を得るには、組織変更、運航体制の変更によって合理化しコストカットを押し進めるほかに策はない。①は、ネットワーク企業が価格面で競争できる能力を欠く認識することによるものであるが、結果として、ネットワーク企業は市場シェアを大幅に失う。②は、ネットワーク企業の多くが行っている。これには北米では、Ted、コンチネンタルライト、デルタエクスプレス、メトロジェットなどがある。これらもほとんどが設立後5年以内に失敗に帰している。欧州においても、その失敗例は多い[24]。それは、LCC の新規企業のような低コスト構造にしないで親会社関係内で事業運営することが多いためである。経営上層部にスタッフを親会社から高給で派遣するか、新会社の気風に親会社の気風を導入するか、そのルールを導入していることによる。また、ステークホルダーに親会社とのブランドを混同させるか新会社としてのブランド形成ができなかったことによる。結果として、②のような合理化を推し進め、差別化を維持しつつコストカットをするハイブリッドを指向する傾向にある。北米では合併、提携、破産法適用などによってコスト削減、生産性向上を求めている。

8. 2000 年以降のジェットブルーの市場参入と影響

ジェットブルー航空は、1999 年2月に、デビット・ネルソンによって設立された。創立者のみならずジェットブルーの主要な重役は、以前のサウスウ

---

23 Lowton, T. C. (2007), pp.193-202, Macario, Rosario and Van de Voore, Eddy edit. (2011), pp.58-60.

24 Macario, Rosario and Van de Voore, Eddy edit. (2011), pp.195-196.

エストの被雇用者であった。1999年9月に、当初、同航空会社は、ニューヨークのJFK空港で75の離発着を付与され[25]、2002年2月11日にニューヨークのJFK空港からバッファローとフォートローダーデールに運航サービスを開始した。その後の年に、急速に路線ネットワークを拡張している。2009年12月にそのネットワークは、カリブとラテンアメリカの11諸国の目的地に補完される全米21州の60目的地を含んでいる[26]。ジェットブルーは、ニューヨークのJFK空港に本拠地をおいて運航し、ボストン、オーランド、フォートローダーデール、ロングビーチ、サン・ファン（プエルトリコ）に重点都市への運航を展開してきた。2009年に20.4百万人の旅客数を増加し、国内旅客の約3.3％のシェアを占めるに至り、全米で9番目に大きな会社へと成長した。収入も、米国経済の部分的に困難な時期の急成長にかかわらず、全体収入201百万ドルを実現している[27]。

ジェットブルーは通常、LCCに分類されるが、そのビジネス戦略は次の3点で特有の性格を有する。第1に、当航空会社は、機内サービス面で、機内娯楽、脚所ルームを持った革張りの事前指定座席のような高品質サービスを提供する。第2に、ジェットブルーは、多くの他のLCCのような短距離、中距離市場だけに集中するだけでなく、ネットワーク企業だけが典型的に提供する長距離市場にも参入している。第3に、最近、エアリンクスやルフトハンザ航空とのコードシェア協定、あるいはアメリカンのような外国、国内のネットワーク企業とアライアンス・企業間協定をスタートさせた。

LCCとしてこの一般的でないビジネス戦略にもかかわらず、コスト面では、実質的にLCC航空企業である。ネットワーク企業の有効座席マイル（燃料費のぞく）が10.96セントに対し、LCCグループ・メンバーの平均は7.06セントの水準にまで低下している。このなかにあって、2009年に、ジェットブルーは6.62セントの平均を計上し、明らかに低い。低コスト運賃のアプローチに補完して、ジェットブルーは、高品質を提供している[28]。このことから、短距離・

25　www.jet blue com の資料による、Eldat Ben-Yose（2005），pp.243-244.
26　Huschelrath, Kai and Muller, Katherin（2013）．
27　www. jet blue com のデータによる、Vasigh, B., Fleming, K. and Tacker, T.（2008），pp.387-391.
28　Forsyth, P., Gillen, D., Huschelrath, K., et al. edit.（2013），p.44. Wichita State 大学が開

中距離・長距離での参入状況について分析することはとくに興味深い。以下、Huschelrath, Kai and Muller, Katherin と Wu, Steven M. の分析[29] を手がかりに整理している。

　ジェットブルーの短・中・長距離路線の新規参入・退出状況については、2000 年から 2009 年の間、上位 500 の市場を対象に概要を示せば、参入路線数に関しては、最初の穏やかな経過を経て 2006 年の 34 路線をピークに、2004 年から 2008 年にかけてかなり増加している。退出に関しては、景気後退を反映した 2008 年をピークに、わずかながら断続的に発生している。総じていえば、2000 年の操業開始から 2009 年に至るまで、142 の空港ペア路線に参入し、24 の空港ペア路線で退出している。参入路線全体の半分弱にあたる 63 路線は、1995 年から 2009 年のサンプル期間以前に、いかなる他の企業もサービス提供していなかったことは、特記される。さらに、この特有の戦略、参入・退出状況を前提に、その影響を概観するケースとして、①短距離のニューヨーク JFK 国際空港〜ロチェスター、②中距離のニューヨーク JFK 国際空港〜フォートローダーデール、③長距離のニューヨーク JFK 国際空港〜シアトルのそれぞれの路線について分析してみると、次のようになる。

　①の距離は 264 マイルで、2000 年のジェットブルーの参入以降、平均運賃は急激に低下し、旅客数は急激に増加している。旅客数は、参入の前の約 71,950 人から参入後の年の 333,600 人に増加し、平均旅客市場シェアを 90%台に維持している。平均価格に関しては、ジェットブルーの参入は、きわめて大きなインパクトを与え、参入後の最初の年に平均価格は 106.4 ドルから 65.9 ドルへと約 6 割方、低下している。デルタの参入と対照的に、ジェットブルーのように、LCC の参入は典型的に平均市場運賃の著しい下落をもたらすことが明らかになった。

　② 1,069 マイルの運航距離の路線であるが、2000 年のジェットブルーの参入前の年の 399,500 人から参入後の年には 582,850 人へと、平均旅客数は、著

　　発した Airline Quality Ranking のいわゆる AQR のスコアによれば、メジャー企業グループ全体と LCC 企業のサブグループ双方においてトップランキング・グループに位置づけられている。

29　Huschelrath, Kai and Muller, Katherin (2013), pp.49‒51, Wu, Steven M. (2011), pp.18‒20.

第 4 章　米国市場における LCC の新規参入と経済的影響　97

しく増加している。参入以降、ジェットブルーの平均旅客市場シェアは、約 7
割となった。平均市場価格に関しては、ジェットブルーの参入は、参入を招
くほど、128.1 ドルから参入の後の最初の年には 110.6（約 16％）の低下といっ
た穏やかなインパクトを与えている。興味深いことは、平均市場価格は、か
なり安定期にとどまっており、最後の 2 年間、旅客数がかなり低下している
ことである。これは、2 つの直行路線の追加サービスが作用している。すなわ
ち、2004 年 9 月のニューヨークのラ・ガーディア空港からフォートローダー
デール間での就航と、2005 年 10 月のニューワーク国際空港（EWR）からフォー
トローダーデール間での就航と関連している。近接している 3 空港間の一般
的、潜在的競争関係でのグレイター・ニューヨーク地域での第 2 と第 3 の空
港の市場参入間の潜在的相互関係がある。ニューヨークにおける 3 つの大空
港におけるジェットブルーの参入行動を分析し、ジェットブルーがニューヨー
クシティ～フルマーケットでのほかの市場参入の可能性を減少させる可能性
が指摘される。

　③の運航距離は 2,421 マイルで、2001 年には、ジェットブルーが同市場に
参入し、2003 年以来、年中、アメリカンとデルタと競争している経緯をた
どっている。ジェットブルーの参入は、参入後の最初の年に、平均市場価格
に 380.5 ドルから 267.1 ドルへと、約 4 割方低下するきわめて大きな変化を与
えている。この効果のとくに注目すべき点は、同市場は、すでにジェットブ
ルーの参入前に、その夏には 3 つのネットワーク企業によって、その冬には 2
つのネットワーク企業によって運航されており、既に寡占市場への参入でさ
え、大きなポジティブな影響を、既存航空企業間の競争の強度が低い場合で
も、平均運賃と需要に与えうることを表している。ジェットブルーのような
LCC の同市場への参入は、運賃低下をもたらしたが、旅客市場シェアは、短
距離・中距離市場よりかなり低い。市場に現れた全期間の平均市場シェアは、
3 割以下にとどまっている。

9.　事業収益のパフォーマンスと市場構造の変化

　Huschelrath, Kai and Muller, Katherin（2013）は、2000 年から 2009 年のサン

プル期間に、ジェットブルーの参入によって約 45,550 ドルの消費者余剰を生じたと推定している。図 4-3 のように、需要面の旅客数は、2000 年以降 2006 年までの間では、ネットワーク企業が変動的なのに対し LCC は一貫した伸びを示している。2007 年以降はやや停滞傾向ではある。

営業損益は、図 4-4 のように、ネットワーク企業が 2000 年以降 2006 年まで減益であるのに対し、LCC は変動性ではあるが一貫してプラスの方向で利益を確保している。その原因は、収入面でイールドは低下傾向にあるが、旅客マイルで増加、コストを低水準に維持できている点にある。2004 年以降はとくに上昇傾向が示される。これに対し、ネットワーク企業は 2008 年に減益に転換し、2009 年まで減益が持続する。

この減益には、ユニットコストの営業損益が相関。イールド低下とユニットコストの高水準が作用している。しかし 2010 年には、ユニットコスト等の抑制で好転する。ネットワーク企業の最近の経営上の大きな特徴の 1 つに、コスト削減の積極的な削減策が示される。単位営業コストで LCC は LCC とネットワーク企業との格差を縮小している。だが、依然として、CASM 比較でも格差がある[30]。しかし、欧州と比べて格差幅の縮小傾向にある。手荷物の付帯料金も増加している。競争構造も有効企業数が増加し上位 1,000 市場でも、LCC 路線はネットワーク企業の路線とオーバーラップし、相互の競争が高まっている。これにつれて、イールドが低下している。全体で 3 社以上の市場が増加し、距離帯別では、高密の長距離と中距離で有効企業数が増加している。距離帯別での運賃格差は縮小している。最近は、LCC が中距離帯の寡占市場で市場シェアを高め影響を与えているといえよう。

10. まとめと日本への示唆

米国の国内規制緩和による参入による消費者便益は大きい。旅客数は著しく増加し、運賃は大幅に低下している。参入活動は、2000 年以降も持続している。上位市場においても、LCC の参入によって、全体で 3 社以上の市場が

30　Vasigh, B., Fleming, K. and Tacker, T. (2008), p.9, IATA (2006), pp.16-24.

第 4 章　米国市場における LCC の新規参入と経済的影響　99

図 4-3　旅客数の推移（LCC と NWC の対比）

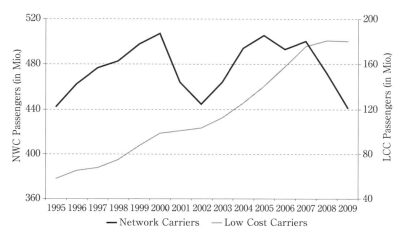

出所）US DOT 資料による。

図 4-4　損益状況の推移（LCC と NWC の対比）

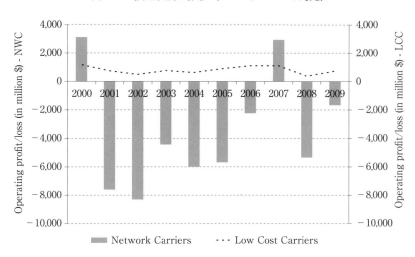

出所）US DOT 資料による。

増加し、距離帯別では、高密の長距離と中距離で有効企業数が増加している。図4-5のように、距離帯別での運賃格差は縮小している。最近はLCCが中距離帯の寡占市場で市場シェアを高め影響を与えているといえよう。ネットワーク企業も対抗上、コスト節減に努め、LCCとネットワーク企業の単位コスト縮小しており、依然、両者の間にコスト差があるが、両者のビジネスモデルには、近年、ハイブリッドしている側面がみられる。日本では、2000年の本格的規制緩和後、図4-6で示されているように、羽田を中心に著しい高密路線への集中が高まり、これにともなって図4-7のように、平均運航回数の増加と路線数の減少がみられ、図4-7のように機材のダウンサイジングが進んでいる。運賃面では、羽田など高密路線とローカル路線とのキロあたり格差が開いており、米国のように大きな運賃低下はみられない。

図4-5 米国国内の距離帯運賃の推移

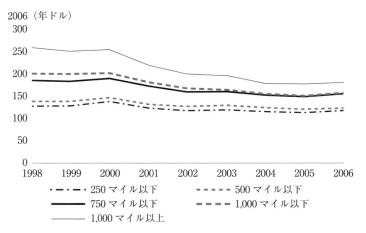

出所) U. S. GAO (2008), p.25.

第 4 章　米国市場における LCC の新規参入と経済的影響　101

図 4-6　需要の大きさ別空港の発着回数の推移（1998 年度～ 2007 年度）

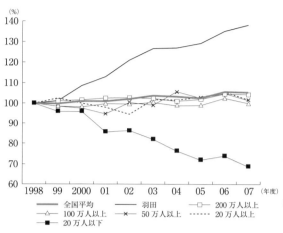

出所）酒井正子（2009）、51 ページ。

図 4-7　路線数と平均運航回数の推移

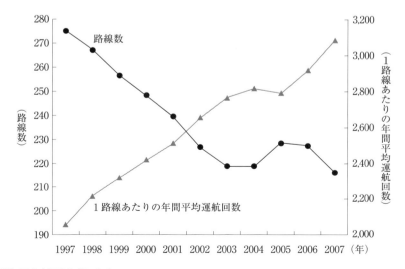

出所）国土交通省資料による。

【参考文献】

一般財団法人運輸政策研究機構国際問題研究所編（2011）『アメリカ航空産業の現状と今後の展望～米国航空産業の最新動向と空港経営～』国際問題研究所。

ANA 総合研究所編著（2008）『航空産業入門』東洋経済新報社。

海外鉄道技術協力協会編（2005）『最新世界の鉄道』ぎょうせい。

鎌田裕美・味水佑毅（2007）「わが国における LCC の成立条件」『航政研シリーズ 473 号　低費用航空会社（LCC）の研究』航空政策研究会、73-91 ページ。

クリステンセン C. M. & レイナー M. E.（玉田俊平太監修、櫻井祐子訳）（2003）『イノベーションへの解』翔泳社。

小島克巳・後藤孝夫・早川伸二（2007）「空港使用料の水準が LCC（低コスト航空会社）の理念に与える影響に関する研究」『航政研シリーズ 473 号　低費用航空会社（LCC）の研究』航空政策研究会、93-119 ページ。

酒井正子（2009）「自由化以降のわが国における航空ネットワークの変遷と地方空港」『運輸と経済』第 69 巻第 8 号、一般社団法人運輸調査局。

塩見英治（2006）『米国航空政策の研究』文眞堂。

塩見英治（2012）「米国における航空市場環境の変化と競争政策」『中央大学 経済研究年報』第 43 号、中央大学経済研究所。

杉山純子著、松前真二監修（2012）『LCC が拓く航空市場』成山堂書店。

杉山武彦監修、竹内健蔵・根本敏則・山内弘隆編（2010）『交通市場と社会資本の経済学』有斐閣。

瀬越雄二（2008）「ローコスト・エアラインに関する産業動向レポート(I)」『エマージング・マーケット・ニュースレター』第 11 号、大和総研、1-6 ページ。

高橋広治（2006）「東アジア航空市場とローコストキャリアの将来像」『国土交通政策研究』第 74 号、国土交通省国土交通政策研究所、1-77 ページ。

東京大学航空イノベーション研究会・鈴木真二・岡野まさ子（2012）『現代航空論』東京大学出版会。

ドガニス R.（塩見英治ほか訳）（2003）『21 世紀の航空ビジネス』中央経済社。

野村宗訓編著（2012）『新しい空港経営の可能性』関西学院大学出版会。

花岡伸也（2007）「アジアの LCC のビジネスモデルの比較分析」『航政研シリーズ 473 号　低費用航空会社（LCC）の研究』航空政策研究会、51-72 ページ。

ハンロン P.（木谷直俊・山本雄吾・石崎祥之・新納克広・内田信行訳）（1997）『グローバルエアライン』成山堂書店。

ポーター M.（土岐坤・中辻萬治・服部照夫訳）（1982）『競争の戦略』ダイヤモンド社。

ホスキソン R. E.、アイルランド R. D.、ヒット M. A.（久原正治・横山寛美監訳）（2010）『戦略経営論』同友館。

堀雅通（2012）「航空市場の構造変化と空港経営」『観光学研究』第 11 号、日本観光研究学会。

Airline Business (1997) June.

Anzof, H. Igor. (1963), *Strategic Manegement*, Palgrave Macmillan.（中村元一監訳『戦略経営論』中央経済社、2007 年）。

Christensen, C. M. (2001), Innovation Dilenmma, Harvaerd Business Press.（玉田俊平太監修、

伊豆原弓訳『イノベーションのジレンマ』翔泳社、2001 年）。

Cotler, Phillip and Armstrong, Gray (2011), Principle of Marketing, Pearson Prentice Hall.（恩蔵直人加筆『マーケティング原理』丸善書店、2014 年）。

Dobruszkers, F. (2009), New Europe, new-cost air, *Journal of Air Transoort Geography*, Volume17, Issue 6, pp.423–432.

Doganis, R. (2001), *Airline Business in the Twenties* -first Century, Oxford, Routledge.

Dresner, M. and Windle, R. (1996), "The economics of airline alliances", in *Critical Issues in Air Transport Economics and Business*, Routledge, pp.165–182.

Dresner, M., Lin, J. and Windle, R. (1996), The Impact of low cost Carrirs on airport and route competition, *Journal of Transport Economics and Policy*, Volume 30, Issue 3, p.309.

Forsyth, P., Gillen, D., Huschelrath, K., Niemeier, Hans-Martin and Wolf, H. edit. (2013), Liberalization in Aviation, Ashgate.

Graham, B. and Shaw, J. (2008), Low-cost airlines in Europe ; Reconciling liberalization and sustainability, *GEOFORUM*, Volume 39, Issue 3, pp.439–451.

IATA (2006), Airline Cost Performance, IATA Economic Briefing No.5.

Levine, M. (1987), Airline Competition in Deregulated Market : Theory, firm Strategy and Public Policy, Yale Jounal on Regulation 4.

Lowton, Thomas C. edit. (2007), *Strategic Management in Aviation Critical Esseys*, Ashgate.

Macario, Rosario and Van de Voore, Eddy edit. (2011), Critical Issues in Air Transport Economics and Business, Routledge.

Mason, K. and Morrison, W. (2008), Towards a mesns of consistently comparing airline business models with an application to the low cost airline sector, Research in Transportation Economics, Volume 24.

Mason, K. (2001), Marketing low-cost airline services to business travellers, *Journal of Airline Management*, Volume 7, Issue.

Morrell, P. (2005), Airlines within Airlines : An analysis of US network Airline responses to low cost carrirs, *Jornal of Air Trasport Manegement*, Volume 11, Issue 5, pp.303–312.

O'Connell, J. and William, G. (2005), Passengers Perceptions of low cost airline and full services airlines ; A case study involving Ryanair, Aer Lingusus, Air Asia and Malaysia airlines, *Journal of Air management*, Volume 11, Issue 4 pp.259–272.

Oum, T. H., Park, J. H. and Zhang, A. (2000), Globalization and Strategic Alliances : the Case of the Airline Industry, Elservier Science, London.

Porter, M. E. (1986), *Competition in Gloval Industries*, Harvard Business School Press.（土岐坤・中辻萬治・小野寺武夫訳『グローバル企業の競争戦略』ダイヤモンド社、1989 年）。

Porter, M. E. (1998), *Competitive Advantage*, Free Press.

Vasign, B., Fleming, K. and Tacker, T. (2008), *Introduction to Air Transport Economics*, Ashgate.

Windle, R. and Dresner, M. (1999), Competitive Responses to low cost entry, *Transportation Research* Part E, Volume 35, Issue 1, p.59.

Wu, Steven M. (2011), The "Southwest Effect" Revised : An Analysis of the Effect of Southwerst Airlines and Jet Blue Airways on incumbent Airlines from 1993 to 2009, *The Michigan*

Business Journal, Volume 5, Issue 2.

Research and Innovate Technologynology Administration, Bureau of Transportation Statistics (2013) のデータ。

www.jetblue.com

第5章

国際航空の自由化と東アジアの航空市場

1. はじめに

　東アジア諸国は、貿易と直接投資が密接に関連して好循環を形成し高成長を実現させてきた。1990年末の一時期に、通貨・金融によって深刻な経済状況に陥ったが、その後、中国における改革・開放の政策展開、産業構造の転換、チェンマイ・イニシアティブなどに代表される域内での金融協力などによって回復している。今回の米国のサブプライムに端を発した世界金融危機によって、再び、経済面で大きなダメージを受けているが、域内全体の成長を牽引する中国経済の政策支援による回復、ASEANを中心とする経済統合・自由化の促進などにより、長期的には域内全体で、成長過程をたどるものと考えられる。

　このような経済発展の過程で、域内におけるヒト、モノ、カネの移動が活発となり、その媒体、手段となる情報通信と交通ネットワークの整備促進がなさるようになっている。貿易の緊密化や工程間分業の進展と、輸出に牽引される産業高度化を反映した貿易取引の高付加価値化によって、貨物の航空需要が拡大し、航空化率は上昇している。東アジア域内では、1990年代以降には、経済発展のダイナミズムにともなう航空需要の拡大と航空市場の変化に対応し、航空自由化への取り組みがなされている。2000年以降には、さら

に、航空自由化が普及し、ASEN を中心に多国間主義の取り決め、航空市場統合に向けた動きが促進される経過をたどっている。

国際航空の自由化は、欧米が先行し、二国間主義を基調とする米国のオープンスカイ型自由化と多国間を基調とする EU の市場統合型自由化によって推進・主導されている。東アジアの航空自由化は、後発である。本章は、欧米での国際航空自由化の展開と影響をふまえつつ、東アジアにおける経済発展のもとでの国際航空市場の変化と特徴、航空自由化の展開の経過と課題について考察することを目的としている。

2. 東アジアの経済発展と航空需要の変化

国際航空の需要は、国際航空サービスが派生的需要であることから、世界の景気の周期的変動やリスク要因に作用されやすい点を特徴点としてあげられる。比較的、最近でも、アジア危機、テロ、SARS などの要因によって、大きな需要の落ち込みがみられる。一方、短期的には波動はあるが、長期的には、全体の経済水準や所得水準の上昇によって、右肩上がりの拡大傾向をとっている。

一方、収益性に関しては、限界費用が低く、在庫がきかないなど航空サービスの商品特性から、航空会社はシェア重視の競争に走る傾向にあること、

図 5-1 航空旅客需要の推移

出所）IATA, World Air Transport Statistics により作成。

図 5-2 世界の地域別輸送シェア

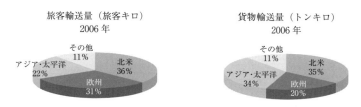

出所）IATA, World Air Transport Statistics により作成。

　これに加えて、全体のコスト構成において、燃料費、空港使用料など、航空会社が統制できないコストの比率が高いために、利益率が不安定である。とくに、図 5-1 で示されているように、深刻な景気後退、SARS、同時多発テロなどのリスク発生時には、大きな損失をきたすようになっている。

　近年のアジア地域の航空需要については、次の 2 つの特徴を指摘できる。第 1 は、大きな成長性と圏域での市場シェアの拡大である。とくに、貨物の伸びが旅客の伸びを上回っている。地域区分でのアジア・太平洋地域は、2007 年の世界全体で旅客（旅客キロ）が 26.5％、貨物（トンキロ）が 30％で、貨物は最大規模の比率を占めるに至っている。第 2 は、域内での経済循環の高まり、貿易比率の増大を反映し、域内での航空需要規模を拡大している点である。東アジアの域内航空貨物流動の比率は、EU、NAFTA よりも高い水準になっている。

　時系列でみると、1980 年代以降に、アジアの航空需要は、継続的、かつ急激に拡大している傾向が指摘される。この拡大は、工程間分業の拡大による貿易の緊密化、FTA などによる経済連携制度の進展、所得水準の向上による観光交流などの人的交流の拡大によって支えられている。とくに、航空貨物の増加は、生産拠点の立地と相互依存の展開に関係している。地域内の相互依存による立地と貿易の変化は、フラグメンテーションと呼ばれるが、航空輸送は、分散立地された生産ブロック間をつなぐサービス・リンクとしての機能を果たしている[1]。IT 化の進展により、貿易構成において、航空適合の高

1　Hiratsuka, D. and Kimura, F. (2008), pp.36-37.

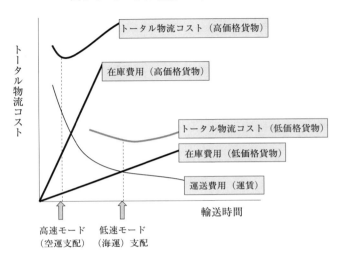

図5-3 トータル物流コストとモード選択

出所）国土交通省資料などをもとに著者作成。

付加価値の貨物の比率が高くなり、これに、リードタイム短縮を重視する企業のロジスティクス戦略の展開をともなって、航空化率を押し上げている。一般的に、航空は、図5-3のように、リードタイムの短縮に対応し運賃負担力が高い貨物に利用の優位性を発揮し、これらの適合貨物を中心に航空化率を向上させている。旅客については、域内諸国の所得水準の向上による観光交流の活発化、市場取引や経済連携の強化による業務移動の拡大が航空利用の増加を牽引している。

　もっとも、航空化率は、貨物に関しては、短・中期的には、商品のライフサイクル、景気の循環などによって左右される。近年の日本発着の航空貨物は、輸出入ともに航空化率を低下させている（図5-4・5-5参照）。

　この原因としては、図5-6で示されるように、景気の後退、ジェット燃料費の高騰、革新的なヒット商品の減少、コスト重視の荷主行動、コンテナの高速化などの影響が相乗していると推測される。しかし、将来の航空需要については、産業のライフサイクルのS字状のパターンの成長経路が経験的に示されており、これによると、アジアを中心にマクロ的にみたGDPの増加に

第5章 国際航空の自由化と東アジアの航空市場　109

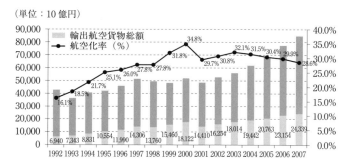

図5-4　日本発着の国際貨物輸送量の推移①
（総輸出額と航空化率）

出所）国土交通省資料より作成。

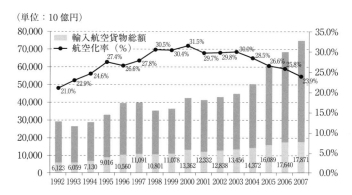

図5-5　日本発着の国際貨物輸送量の推移②
（総輸入額と航空化率）

出所）国土交通省資料より作成。

よって、一層の伸長が見込まれると判断される[2]。

　アジア全体では、長期的には、中国経済の成長、自由化の進展などに支えられ、需要のさらなる拡大が予測される。景気変動への反応が高い貨物につ

2　Hanlon, P. (2007), pp.5-6.

図 5-6 最近の航空貨物の海上シフト要因

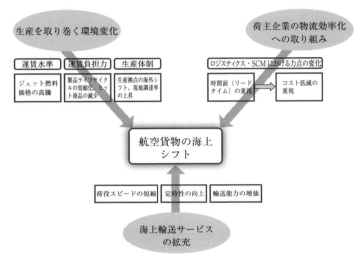

出所）国土交通省資料による。

いても、Merge Global 社、ボーイング社など、今後しばらく、世界全体で年率 6 〜 7％前後の伸びを予測している。もっとも、予測は世界金融危機以前のものであり、この数値より下回るものと思われる。

3. 東アジアの経済連携と地域統合

　東アジアは、1980 年代以降、貿易と直接投資の拡大を中心とするユニークな生産・流通ネットワークによって支えられて成長を実現してきたといえる。この成長の過程は、域内依存度の増加、および IT の電子・電気産業を中心とした商品・産業構成の高度化といった構造変化をともなっていた。これに加え、1990 年代末以降には、FTA の締結と交渉が相次いで進展し、域内の経済依存を高めている。域内の経済依存の深化は、主として、貿易取引によって支えられている。2001 年と 2006 年とを対比した表 5-1 の近年の貿易マトリックスについてみると、東アジア域内では、次の 3 つの特徴が指摘される。第 1 は、東アジア域内での貿易量は、この間、約 2 倍に急増していることである。

第5章 国際航空の自由化と東アジアの航空市場　111

表5-1　貿易マトリックス（上段2006年、下段2001年）

(単位 10億ドル)

	タイ	マレーシア	インドネシア	フィリピン	シンガポール	ベトナム	韓国	台湾	香港	中国	日本	東アジア計	インド	米国	EU	全体
タイ		6.7	3.3	2.6	8.4	3.1	2.7	3.0	7.2	11.8	16.5	65.3	1.8	19.6	18.1	130.6
		2.7	1.4	1.2	5.3	0.8	1.2	2.0	3.3	2.9	10.0	30.8	0.5	13.2	10.9	65.1
マレーシア	8.5		4.1	2.2	24.7	1.8	5.8	5.4	7.9	11.6	14.2	86.2	5.1	30.2	20.5	160.7
	3.4		1.6	1.3	14.9	0.5	3.0	3.8	3.8	4.1	11.8	48.2	0.3	17.8	12.5	88.2
インドネシア	3.2	4.5		0.9	13.4	0.9	7.3	4.7	1.8	8.7	22.0	67.4	2.9	13.0	13.9	113.6
	0.3	1.8		0.8	5.4	0.3	3.8	2.3	1.3	2.2	13.0	31.2	1.1	7.8	8.0	56.3
フィリピン	1.3	2.6	0.4		3.4	0.4	1.4	2.5	3.7	4.6	7.7	28.0	0.1	8.6	8.7	47.0
	1.4	1.1	0.1		2.3	0.1	1.0	2.0	1.6	0.8	5.1	15.5	0.0	9.0	6.3	32.1
シンガポール	11.3	35.5	24.9	5.1		5.5	8.7	4.6	27.6	26.5	16.3	166.0	7.7	27.6	30.6	272.0
	5.3	21.1	2.8	3.1		2.1	4.7	3.1	10.8	5.3	9.3	67.6	2.7	18.8	17.1	121.8
ベトナム	0.8	1.3	0.6	0.6	1.5		0.8	0.8	0.6	2.3	4.9	14.2	0.1	8.4	7.8	39.7
	0.3	0.3	0.3	0.4	1.0		0.4	0.4	0.3	1.4	2.5	7.3	0.0	1.1	3.2	15.0
韓国	3.9	4.9	4.5	3.6	8.7	3.6		13.5	17.4	63.3	24.1	147.5	5.1	39.5	45.4	296.7
	1.8	2.6	3.3	2.5	4.1	1.7		6.1	9.5	18.2	16.5	66.3	1.4	31.4	21.3	150.4
台湾	4.6	4.2	4.5	4.5	7.6	4.9	7.2		37.4	51.8	16.3	143.0	1.5	32.4	24.6	224.0
	2.2	3.1	1.5	2.2	4.2	1.7	3.4		28.7	4.9	13.0	64.9	0.6	28.1	19.2	126.3
香港	3.2	2.8	1.4	2.6	9.3	1.5	6.7	1.7		148.9	15.5	193.6	3.0	47.9	44.4	316.8
	1.9	1.6	0.8	1.9	3.8	0.5	3.3	1.8		70.1	11.2	96.9	1.2	42.4	28.3	190.1
中国	9.8	13.6	9.5	5.7	23.2	7.5	44.6	22.3	155.4		91.8	383.4	14.6	203.9	190.0	969.3
	2.5	3.2	2.8	1.6	5.8	1.8	12.5	5.3	46.5		45.1	127.1	1.9	54.4	44.6	266.7
日本	22.9	13.2	7.4	9.0	19.5	4.1	50.3	41.7	36.4	92.8		297.3	4.5	147.2	94.1	646.8
	11.9	11.0	6.4	8.2	14.7	1.8	25.3	23.3	23.3	30.9		156.8	1.9	122.7	66.7	403.5
東アジア計	69.5	89.3	60.6	36.8	119.7	33.3	135.5	100.2	295.4	422.3	229.3	1,591.9	46.4	578.3	498.1	3,217.2
	31.0	48.5	21.0	23.2	61.5	11.3	58.6	50.1	129.1	140.8	137.5	712.6	11.6	346.7	238.1	1,515.5
インド	1.5	1.3	1.7	0.4	4.4	0.8	2.9	1.1	4.3	9.5	3.7	27.1		20.9	25.9	122.8
	0.6	0.7	0.4	0.2	1.0	0.2	1.0	0.6	2.1	1.5	2.0	10.1		9.4	11.2	45.6
米国	8.2	10.5	3.1	7.6	24.7	1.1	32.5	20.4	17.8	55.2	59.6	239.6	10.1		215.0	1,037.1
	6.0	9.4	2.5	7.7	17.7	0.5	22.2	16.6	14.1	19.2	57.4	173.0	3.8		163.1	731.0
EU	9.2	12.9	6.3	4.7	24.9	3.0	28.8	16.0	27.3	80.3	56.1	266.5	30.6	338.6		4,549.8
	6.8	8.5	4.1	4.2	13.6	1.6	14.1	11.9	19.6	27.9	40.1	151.7	11.2	220.8		2,452.2
全体	116.6	128.2	84.3	57.3	205.9	41.8	281.3	182.4	359.5	708.2	525.1	2,648.8	124.1	1,798.7	4,669.6	11,946.9
	55.5	72.0	31.8	40.0	109.7	14.9	129.9	97.1	171.3	221.0	316.2	1,245.4	41.9	1,098.7	2,417.8	6,139.4

(注1)　シャドーは3倍以上伸びたところ。
(注2)　IMFの統計には台湾がないため、各国の台湾への輸出額は、台湾側の輸入額に0.9を掛けて算出。
(注3)　EUは25ヵ国。
出所)　IMFの *Direction of Trade Statistics Database*, 中華民国『進出口貿易統計月報』。

図5-7　アジアの航空貨物市場（2006年）

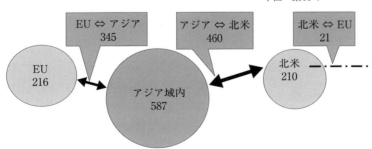

出所)　IATA, World Air Transport Statistics.

第2は、中国が、相手国として、東アジア域内の諸国にとどまらず、域外の欧米諸国を包括し、輸出量を著しく拡大していることである。第3は、東アジアのほとんどの国が中国を相手国として輸出量を大幅に拡大していることである。これらの貿易依存関係は、図5-7のように、航空貨物について、東アジアに係る路線市場が世界市場全体のなかで57％もの高い市場シェアを占めていることに反映されている。

　しかし、東アジアでは、二国間・複合国間 FTA が締結され、統合市場の ASEAN が存在するだけで、単一市場統合に向けての具体的な動きはとられていない。ASEAN＋3（日中韓）枠組みも不安定である。経済取引・貿易取引自体、域内で完結しない制約をかかえている。IT 関連の最終財についてみると、米国と欧州への依存度は約6割を占める現状にある[3]。今後、自己完結的な経済圏の確立が必要であり、そのためには、制度面での総合的施策などが求められる。

　以上の経済連携にともない、国際航空についても、東アジアの一部の国では、1990年代以降、二国間によるオープンスカイによる自由化に着手する。2000年以降には、オープンスカイがさらに進展し、ASEAN では多国間自由化・航空市場統合に向けた取り組みがみられるようになっている。しかし、全体としてみると、多くの国が伝統的な二国間主義を継続させ、高い外資制限の壁を設けている。主導国である日中韓において相互の密接な連携ができていないのは、経済通商面と同様である。東アジアにおける需要規模の拡大、市場のダイナミズムに対応するためには、より統一的な連携の取り組みが必要となる。

4. 自由化を主導する2つのプロトタイプ

　周知のように、国際民間航空を統制している基本的なレジームは、シカゴ・バミューダ体制と称され、主導する米国と英国の妥協点として、1950年代頃までに築かれている。1944年のシカゴ会議で国際民間航空条約が採択され、

　3　一般財団法人国際貿易投資研究所『ITI 財別国際貿易マトリックス（2007年度版）』による。

これによって各国の領空主権の排他的権利が承認され、これを制約・許容する運輸権、民間航空の事業運営は、1946 年に締結されたバミューダ協定（米英二国間協定）によって取り決められた。それ以降、この条約と協定をモデルとした航空協定の締結によって国際航空の秩序が維持されてきた。

　このレジーム形成には、当時の政治状況が反映されているが、その後の持続を支えたのは二国間主義のなかで、締結国の相互間での弾力的適用の幅が許容されたことによるものである。しかしながら、伝統的な二国間主義は、互恵主義、機会均等主義であり、これにより、輸送体制を相対的に能力が劣った国の水準に収斂させ、競争を実質的に排除する可能性があること、交渉過程での直接の行政的介入を不可避とし社会全体での便益を的確に判断し、その便益を増加させる傾向にはないこと、過大な取引コストを強いること、さらに、市場を細分化し、グローバルなネットワーク形成を妨げるものとしての問題点が指摘され、批判されてきた。

　1980 年代以降には、国内規制緩和と連動し、国際航空レジームの変容をもたらす自由化が進展するようになる。1990 年代以降には本格化するが、国際航空自由化の推進には、米国が主導する二国間協定の改定によるオープンスカイ型自由化と、EU が主導し、オーストラリア・ニュージーランドなどがこれに次ぐ、地域統合型自由化の 2 つの潮流が示される。皮肉にも、シカゴ・バミューダ体制の変容は、その体制構築を主導した国とそれを含む地域によってなされる命運をたどったといえる。以下、この 2 つのタイプの自由化の主要な経過と特徴について検討・整理をしてみよう。

　オープンスカイを推進する米国の市場の特性としては、一国の巨大国内市場が基盤となっている点があげられる。米国は、国内規制緩和政策と一体的に行い、世界で自由化の先導的役割を果たしたといえる。1978 年の国内の航空規制緩和法（11 月成立）に前後して、「米国の国際航空交渉実施のための政策」（8 月発表）、国際航空運送競争法（1980 年 2 月成立）、IATA の「Show Cause Order（理由開陳命令）」（1978 年 6 月）を打ち出し、その後、これにもとづいて自由化交渉に着手していった。1980 年代には、国内市場での統合などによる経営基盤強化によって、国際際市場への進出・拡大を実現していった。協定締結のプロセスには、保護主義的な大国に圧力をかけるために、周辺の比較

的自由化に組みしやすい小さな国と相次いで締結するといった「囲い込み戦略」（Beachhead Strategy）をとり、波及的効果を引き起こし権益の拡張をはかる戦略的特徴が示される。オープンスカイは、さらに、1995年の国際航空政策宣言を契機に、それ以降、積極的に展開されるようになる。自由化の主要項目のなかには、第5の自由を含むほとんどすべての運輸権の交換、輸送力・指定企業の制限撤廃などが含まれている。そのほか、オープンスカイの合意を前提に独占禁止法の適用除外の付与によるアライアンスのコード・シェアリング・共同運賃設定を拡張していく経過が示される[4]。しかし、外資制限は緩和せず、第9の自由、カボタージュは留保したままの自由化の推進であり、この点では完全な自由化とはかけ離れたものといえる。米国はクローズされた広大な国内市場を基盤にオープンスカイによって国際市場での覇権を拡大している。2008年11月時点で、米国がオープンスカイを締結している国・地域は94になるに至っている[5]。

　一方、EUは、市場の特性として、狭い国内市場がひしめき多くの主権をもつ国家が存在していることがあげられる。自由化については、表5-2でみるように、段階的であり、1991年のパッケージⅢにおいて最終的完全自由化を達成する経過をたどっている。自由化の達成内容では、表5-3のように、米国以上の完全自由化に性格づけられる。最終的な自由化では、域内での運賃、

表5-2　EUにおける航空自由化のプロセス

	パッケージⅠ	パッケージⅡ	パッケージⅢ
発効年月	1988年1月	1990年11月	1993年1月
第5の自由	第3/4の自由の30%まで承認する	30%から50%まで拡大	すべて自由
カボタージュ			完全自由化
市場参入	主要空港間において参入自由	すべての主要路線について参入自由	域内共通免許を設定
運賃	Double Approval を原則ゾーン運賃（基準運賃の45～90%）の枠内で自動認可	ゾーンの幅の拡大（30～105%）	すべての運賃を自由化

出所）ドガニス著、塩見英治ほか訳（2003）、53-60ページをもとに著者作成。

4　塩見英治（2006）、301-302ページ。
5　http://www.dot.gov/new/index.htm

表5-3 航空自由化のプロセス

	伝統的な二国間協定 →	オープンスカイ →	単一航空市場（EU）
路線	路線・地点の指定 第5の自由制限あり カボタージュなし	当事国間は自由 第5に自由制限なし	域内はカボタージュを含めて自由
航空会社	1社または複数者の指定 実質的所有・支配原則	自由 実質的所有・支配原則	自由 域内は共免許制
輸送力	事前審査・均等配分	自由	自由
運賃	二重承認	自由	自由

出所）ドガニス著、塩見英治ほか訳（2003）、38ページをもとに著者作成。

輸送力を含む全面的自由化をはかる多国間協定、カボタージュの解禁、加盟国の国籍条項の撤廃、EU共通運航免許の設定などを含み、国家主権の性格が完全に後退し、革新的で大胆な内容が取り決められている。この統合は、自由化のプロセスのうちで、進んだ段階としてとらえられる。しかし、域内での限定適用であり、外資制限も域内では撤廃であるが域外では50％に制限されている。対外交渉権については、同時的な完全な一元的な移行はなく、1990年代末まで実際上、複合的交渉システムを持続する経過をたどっている。

5. 自由化の経済的影響とビジネスモデル

自由化の評価については、その成果が問われる。これまで総合的な検証は少ないが、そのなかにあって、DOTによる典型的に自由化が進展した欧州と米国を結ぶ北大西洋市場を対象に行った2000年の調査報告と、オープンスカイとアライアンスの提携の深化の効果についての2008年の報告は、参考になる。2000年の調査報告では、オープンスカイとアライアンス協定の相乗効果がでており、これらの取り組みにより、締結する企業の間でスケジュールの自由な調整が可能となり、競争力が強化されたことにより、旅客数シェアの増加と運賃水準の低下がもたらされる結果が示されている[6]。2008年の報告では、米国と欧州内ドイツの路線間において、直航便数と直航路線の増加、輸

6　U.S. Department of Transportation（2000）, pp.3-4.

送力の増加と乗継ぎ機会の増加、運賃の低下の経過が示されている[7]。

　主要な研究者は、経過的に、競争による企業の減益や雇用の消失部分も発生するが、損失部分のコストを利得部分の便益が上回る結果がもたらされたと評価している。一部に、市場支配力をもったハブ経由のゲートウェイ相互間での企業連携によって、競争阻害の弊害がもたらされる指摘もあるが、この弊害を打ち消し補って余りある後背地でのネットワークの便益を加えて、総合的に判断されねばならない[8]。

　自由化と規制緩和は、航空会社の戦略と企業行動に影響を与えている。国内の規制緩和のもとで、大手企業は、競争環境に対応してハブ＆スポークを中心とするネットワーク戦略、CRSや情報システムを駆使したマーケティング戦略を展開し、併せて、企業統合による事業の再編を行っている。EUでは、外資制限に域内撤廃をうけて、2004年のエールフランスとKLMの統合、2007年のルフトハンザとスイス航空の統合に代表されるクロス・ボーダーの合併再編が進行している。前者については、合併統合の結果、持株会社としてのエールフランス－KLMが設立され、同社は欧州最大の航空会社となっている。

　国際市場では、一般に外資制限とカボタージュの制約があることから、戦略的アライアンスが展開している。このアライアンスは独占禁止法の適用除外の適用に支えられて、自由化と相乗的な影響力を発揮し、ネットワーク規模を拡大するとともに、グループ間の相互の競争関係から、グローバル・アライアンスとしての3大グループへと収斂している。2007年には、旅客キロベースで、スターアライアンス、スカイチーム、ワンワールドの3大アライアンスがそれぞれ、26.1％、22.3％、20.7％の市場シェアを占めるに至っている。グループ加盟会社は、機材の運航調整、機材の共同購入、FFPの共用、共同ITプラットホームの構築、空港ターミナルの共同使用などによって、コスト

7　U.S. Department of Transportation (2008), pp.59-65.
8　ハブ空港間で弊害がでるとしても、通し運賃で競争が拡大し全体で運賃が低下されるケースも多く、路線間でのトレードオフ関係で評価することが求められる。J・K・ブルックナー (2000) を参照。ほかに、総合的観点でポジティブな評価を示す代表的な分析として、Oum, T., Park, J. and Zhang, A. (1996), pp. 187-202, Park, J. and Zhang, A. (1998), pp.245-255, Brueckner, J. K. (2003), pp.105-118. がある。

削減、販売促進、収入増加の面で効果をあげている。

　さらに、規制緩和と自由化の進展は、特有のビジネスモデルを有し、コスト・リーダーシップによって戦略性を発揮する LCC の躍進をもたらしている。LCC のビジネスモデルは、標準化、フラット化などに象徴される。ネットワークに関しては、米国では、代表格のサウスウエストとジェットブルーが米国の主要都市全域を網羅し、一部の国際路線に展開している。一方、欧州では、代表格のライアン・エアが欧州の主要都市全域を網羅するネットワークを拡充している。こうしたことから、大手の既存企業は、競争市場と LCC への対応策として、統合合併と路線の集約、Chapter 11 の適用、アライアンスシナジーの発揮などによってコストを削減しつつ、インターライニング機能を含む持ち前の差別化を洗練化させるか、ビジネスモデルの修正などを行うようになっている。

　LCC は、近年では、一部、アジア市場へと波及し、ASEAN など自由化市場で躍進している。そのほとんどが 2000 年以降に設立されており、その代表的企業であるマレーシアのエアアジアは、運航の拠点を近隣国のシンガポールとタイにおき、合弁によるクロス・ボーダーでの事業展開を行い、ネットワークを拡充している。アジアの LCC は、二次的空港の活用を欠き、拠点ハブでの専用ターミナルの設置・活用に特徴を示している。市場シェアは、米国の30％、欧州の 26％に比べて 9％と低い現状にあるが、LCC の活用によって潜在的需要の顕在化が期待され、とくに、自由化の促進を前提に、所要 3 時間内外の圏域での近接する高需要密度の国際市場での躍進の可能性が見込まれる。

6.　自由化の新たな動向——重層的なモデルの展開

　21 世紀になって、自由化には、オープンスカイの複数国間での締結、アジアへの拡大、米国と EU 間での重層的なオープンスカイの締結といった新たな動きがみられるようになっている。表 5-4 で示されるように、それらのオープンスカイの締結は、米国が当事国になっていることが多いが、それ以外の双方の国との間で交わされるようになっている。21 世紀になって、米国、ブ

表 5-4　アジア太平洋地域におけるオープンスカイの拡大

	オープンスカイ協定の締結国
1996 年	オーストラリア＝NZ
1997 年	シンガポール＝NZ　　　　ブルネイ＝米国 シンガポール＝米国　　　NZ＝米国 台湾＝米国　　　　　　　マレーシア＝米国
1998 年	マレーシア＝NZ 韓国＝米国
2000 年	APEC 内多国間オープンスカイ（米国、ブルネイ、チリ、NZ、シンガポール）
2001 年	マレーシア＝タイ
2003 年	中国＝タイ シンガポール＝オーストラリア CLVM 間多国間オープンスカイ（カンボジア、ラオス、ミャンマー、ベトナム）
2004 年	香港＝タイ
2005 年	インド＝米国 シンガポール＝バーレーン

出所）US DOT 資料などにもとづき著者作成。

表 5-5　自由化の内容の差異点

	マーケットアクセス	第5の自由	コードシェア	輸送力	航空会社指定	運賃	国籍条項	第7の自由	カボタージュ
US タイプオープンスカイ	○	○	○	○	○	△	×	×	×
EU シングル・マーケット	○	○	○	○	○	○	○	○	○
伝統的二国間	△	△	△	×	×	×	×	×	×
米日暫定合意	○	△	△	△	×	×	×	×	×
APEC・マルチオープン	○	○	○	○	○	○	△	×	×
APEC・プロトコル	○	○	○	○	○	○	△	○	○
豪州ニュージーランド統合	○	○	○	○	○	○	○	○	○

出所）三輪英生・花岡伸也（2004）、20 ページ。

ルネイ、シンガポール、ニュージーランド、チリの5ヵ国間で、多国間主義での取り決めがなされていることは、注目される。議定書での取り決めには、外資制限の緩和やカボタージュの解禁があり、表5-5でみるように、従来型とは大きく異なっている。

　東アジアにおいて、航空自由化を先導するのは、経済通商の面と同様、ASEANである。ASEANは、1994年のボゴール宣言において、域内の貿易・投資の自由化達成のスケジュールと目標を提示し、その翌年には、オープンスカイ・ポリシーの導入を行った。1997年のASEN VISION20では、共同体の結束に航空輸送を含む輸送手段の自由化が不可欠であるとの前提でオープンスカイの推進を確認している。2002年には、旅客分野に先行して域内の航空貨物の暫定的自由化が実現し、2004年には、域内航空市場統合に向けたロードマップが提示されるに至っている[9]。これらの動きは、経済通商面での地域統合化と一体化しており、現在、22.4％の水準にある貿易依存度の高まりなどが背景となっている。これに比べ、日本・韓国・中国の間では、企業間での連携はあるが、ASEANに比べて自由化の進展は鈍く、共同体としての一体的な取り組みはみられない。互いに、企業権益の確保と主導権争いを意識して、共同体運営に向けての同一歩調はみられない。その後、表5-6のように、2015年の市場統合の完成目標を掲げる。しかし、フラッグ・キャリアの機会

表5-6　ASEANにおける航空自由化の段階的アプローチ

	自由化の内容
フェーズ1 （2005-2007）	・運賃の双方不承認制 ・指定航空会社の2社化 ・第3・4の自由の制限撤廃 ・航空会社の実質的所有を国家からASEANへ移行 ・第2ゲートウェイ空港へのアクセス
フェーズ2 （2008-2010）	・運賃の自由化 ・指定航空会社の複数化 ・第2ゲートウェイ空港へのアクセス ・チャーター航空の自由化
フェーズ3 （2011-2013）	・航空会社の実質的所有を業務拠点ベース 　ASEAN域内の航空会社による第5の自由の制限撤廃
2015	・単一航空市場

出所）Siew Year Tham（2008），p.4にもとづき著者作成。

9　Forsyth, P., King, J. and Rodolfo, C. L. (2006), pp.143-152.

的行動、大幅なEU委員会のような調整機関の不在などから、カボタージュの解禁、外資制限の撤廃、国籍条項の撤廃などをともなうEU型完全市場統合には支障をともなっている。当面、EU型市場統合とは異なる道をたどると思われる。しかし、2015年5月現在、統合に向けての旗を降ろしていない。(その後、2015年に統合成立。)

21世紀になって一連のオープンスカイの取り組みの経過のなかで、もっとも画期的なものは、2008年3月に締結されたEUと米国間のオープンスカイの協定である。この締結は、EU加盟国を当事国とする相互の国の交渉がEU加盟国の平等な権利を侵害し無効である、と判断したEU裁判所の判決などが契機となっている。多層型の協定内容の性格を帯びており、相互の国と地域内の地点へのアクセスは自由である。すなわち、これにより、EU加盟航空会

図5-8　EUにおけるオープン協定締結の現状

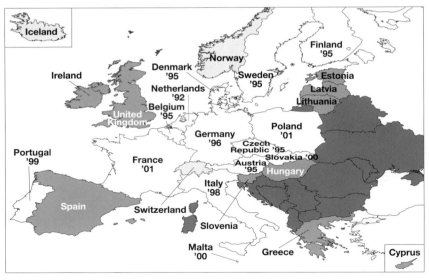

出所) U.S. GAO (2004), p.14.

社はEU域内のいかなる都市をも起点とし、米国内のいかなる都市への運航乗り入れも可能になり、他方、米国航空会社にとっては、米国内のいかなる都市をも起点とし、EU域内のいかなる都市への運航乗り入れも可能になる。さらに、双方とも、以遠の路線での自由な運航が認められるようになった。今後は、需要増加と運賃低下を含む大きな競争効果、第3国を含む関連諸国への波及、航空会社の多国籍化の可能性を含む広範囲にわたる影響が考えられる[10]。

　ただし、米国国内のカボタージュは承認されず、議決権25％の外資制限は留保されたままである。カボタージュ、実質的所有とコントロールの緩和・撤廃は、第2ラウンドの検討に任されており、今後の行方が注目される。EUは、米国側のEU市場へのアクセスの高い自由度の現状に照らし、カボタージュの開放の点での主張は強い。この主張は、図5-8で示されるように、米国が欧州域内において、オープンスカイを締結することによって、事実上、カボタージュに近いオープンアクセス市場を確保しているとの事実認識によるものである。この締結は、さらに国際法の解釈上の問題にも波及しており、シカゴ条約第7条の抵触可能性の問題が提起されている。第7条はカボタージュ禁止を各国が実施する権限を認めており、特定国だけに排他的な取り決めをしないよう定めている。この点では、実施いかんによって規定が形骸化する可能性もあるが、むしろ、実状にあわない制度の改変の必要性についての見方もできる。

7.　日本における「自由化」の現状

　近年、日本ではアジア・ゲートウェイにもとづく自由化の取り組みがなされるようになっている。この自由化は、容量に応じた空港別の対応であり、地方空港の大部分では実態に即して大幅な自由化対応になったが、首都圏をはじめ拠点空港には大きな変化はみられず、限定的なものといえる。航空交渉も、基本的に、二国間でのバミューダ型の交渉を継承させており、全体的

10　U.S. GAO (2004), pp.34-52.

に、自由化のペースが遅いことが問題点として指摘される。この自由化の緩慢さの主な要因は、インフラ制約と空港制度・運営にあるが、このほか、歴史の特殊事情と国益優先の政策基調にも求められる。拠点空港容量の制約と空港利用料の水準が高いことから、高需要路線を中心に大型機を多く配置し、新規航空会社へ十分な発着枠を配分できず、このことから、新規参入企業は体力不足であり、大手企業も思いきった生産性の向上が妨げられている問題点を指摘できる。2010年には、成田と羽田の容量拡張と羽田の国際化が進展するが、これについても、根本的な容量制約解消にはならない。

　この問題解消のための課題としては、次の対応が指摘される。空港容量の制約問題への対処に関しては、羽田の再々拡張、茨城の百里基地、横田の軍民共用化での補完対応と空域管理の再編等による処理容量の可及的拡大があげられる。横田の共用化の補完の実現によって、全方向に配置整備が達成される。政策と制度に関しては、空港制度改革と空港運営の柔軟化による空港使用料の弾力的適用、地方空港の利用促進に向けての外資制限の緩和とLCCの誘致、海外ベースの進出による事業展開の拡大などがあげられる。

　日本は欧州と比較すると後背地に限度があり、高需要路線では、高速化する鉄道との激しい競争があるだけに、アジア・ゲートウェイ構想の実現だけでは、自由化の効果は十分に発揮できない。近郊国との連携強化が不可欠である。

8.　東アジアの自由化促進と政策課題

　東アジアでは、部分的に自由化が進んだとはいえ、制約のある協定や厳しい外資制限が残っている国が多く、全体的にみると、国際航空の市場やネットワークは細分化されている。各航空会社のネットワークや貨客流動は、自国の首都にある単一ハブに集中し、ネットワークの効率性や企業の成長機会を生かしきれていない。航空会社にとって、圏域内でコストの優位性を確保する柔軟な展開が妨げられている。アジアの主要航空会社にとって、圏域内のマルチハブを拠点とし多くの都市をカバーする集散システムを構築し、これによって効率化とコスト競争力を発揮することが望ましいように思われる。

短期的には自国の権益が失われることがあっても、長期的には、アジア全体での航空企業の経営基盤が強化され、消費者の便益も向上することになる。このためには、圏域内でのオープンスカイの拡張、多国間自由化の拡張が求められる。域内での緊密な市場の結びつき、FTA の進展にくわえ、今回の金融危機（リーマン・ショック）に触発された広域地域協力の取り組みは、この自由化促進の追い風となるであろう。航空サービスが他の経済活動と相互依存が深まっているだけに、航空自由交渉は、包括的な政策パッケージのなかで取り組まねばならない。

　なお、圏域内での自由化促進と連携強化に際して、次の点が重要な検討課題となる。第 1 は、国籍規制と外資制限の撤廃についてである。現状では、各国間で政策的スタンスとインフラ条件に差異がある以上、段階的なプロセスをとることが妥当であり、当面は、基本的に国籍ルールは部分的に残しつつ、外資制限を緩和しつつ合弁事業の展開を許容する施策を講じることが望まれる。第 2 は、競争法に関するルールと法律体系の統一である。国際的にみて、競争の激化は運賃やサービスの個別化を進め、従来の独占禁止法適用除外の縮小を促している。公正競争上、行動規制を律する競争法が重視される傾向にあるが、この点で、アジアでは未整備の国もあり全体での統一がとれていない。検討中か未整備の国が少なからず存在する実情にある。第 3 は、第 3 国で問題が生じた場合の調整方式の整備である。このためには、圏域内で、主要国の連携のもとに通商運輸委員会を設置し、それを通して、圏域での自由化の促進と利害の調整を果たすことも考えられる。いずれについても、今後、引き続き検討を重ねて具体的に集約すべき課題といえる。

【参考文献】

塩見英治（1988）「国際航空市場におけるアライアンスと競争」『海運経済研究』第 32 号、日本海運経済学会。

塩見英治（2006）『米国航空政策の研究』文眞堂。

高橋広治（2006）「東アジア航空市場とローコストキャリアの将来像」『国土交通政策研究』第 74 号。

ブルックナー　J. K.（2000）「コードシェアリングと独占禁止法適応除外が国際旅客にもたらす便益—スターアライアンスにおける研究」『ていくおふ』No.92、ANA 総合研究所。

三輪英生・花岡伸也（2004）「国際航空輸送の自由化の動向と我が国の自由化へ向けた考察」

『運輸政策研究』Vol.7, No.1, Spring, 運輸政策研究所。

一般財団法人国際貿易投資研究所『ITI 財別国際貿易マトリックス（2007 年度版）』

Brueckner, J. K. (2001), "The Economics of International Codesharing: An Analysis of Airline Alliances", *International Journal of Industrial Organization*, 19.

Brueckner, J. K. (2003), "International Airfares in the Ages of Alliances: The Effects to Codesharing and Antitrust Immunity", *Review of Economics and Statistics*, 85.

Doganis, R. (2006), *The Airline Business in the 21th Century*, Second Edition, Rutledge. (ドガニス著、塩見英治ほか訳 (2003)『21 世紀の航空ビジネス』中央経済社)。

Forsyth, P., King, J. and Rodolfo, C. L. (2006), "Open Skies in ASEAN", *Journal of Air Transport Manegament*, 12, Pergamon.

Hanlon, P. (2007), *Global Airlines*, third edition, Butterworth Heinemann.

Hiratsuka, D. and Kimura, F. (2008), *East Asia's Economic Integration-Progress and Benefit*, IDE-JETRO.

Kostas, I. and Mauro, O. (2007), *Airline Choices for the Future*, Ashgate.

Oum, T., Park, J. and Zhang, A. (1996), "The Effects of Airline Code-sharing Agreement on Firm Conduct and International Air Fare", *Journal of Transport Economics and Policy*, 30.

Park, J. and Zhang, A. (1998), "Airline Alliances and Partner Firms' Output", *Transportation Research*, Part E, 34.

Siew Yean Tham (2008), ASEAN open Skies and the Implications for Airport Development strategy in Malysia, ADB Institute working paper No.119.

Williams, G. (2002), *Airline Competition: Deregulation's Mixed Legacy*, Ashgate.

U.S. Department of Transportation (2000), Office of the Secretary, International Aviation Development, Second Report, *Transatlantic Deregulation, the Alliance Network Effect*, October.

U.S. Department of Transportation (2008), Before the Office of the Secretary Department of Transportation, Joint Application to Amend Order 2007-2-16 under 49 U.S.C. § 41308 and 41309 and 41309 so as to Approve and Confer Antitrust Immunity on Certain Alliance Agreement, July.

U.S. GAO (2004), *Transatlantic Aviation, Effects of Easing Restrictions on U.S.-European Markets*, July.

U.S. General Accounting Office (2008), *Airline Industry, Potential Mergers and Acquisitions Driven by Financial and Competitive Pressures*, July.

第6章

新時代における空港改革の課題と展望[*]
―国際航空自由化の促進に対応して―

1. 問題の所在と目的

　この章の論題は、交通インフラに関するものである。第71回日本交通学会の研究報告会の統一テーマを意識して選定している。

　交通インフラに関しては、高度成長期には交通社会資本の不足・隘路化の解消のための公共投資が、安定成長・調整期には交通社会資本の充実のための整備と財源問題が、さらに、1990年代後半以降には、道路などの民営化絡みの制度改革や上下分離などの組織改革、グローバル経済下での競争促進とシステム改革が、それぞれ日本交通学会の統一テーマとして設定されている[1]。第71回大会の統一テーマは、交通インフラの公・民の役割の再検討であり、まさに時宜を得たテーマになっている。本講演の研究報告において、空港インフラの制度改革をとりあげたのは、今日、空港が、交通インフラの大きな柱となっており、それを取り巻く市場環境が大きく変わり、公・民の役割の再評価に関わる制度改革論議の対象になっているからにほかならない。

---

[*] この原稿は、日本交通学会第71回研究報告会における会長講演にて報告した内容に加筆したものである。

[1] 日本交通学会（2001）「日本交通学会の回顧―最近4半世紀を中心に」『日本交通学会創立60周年記念小冊子』、4-19ページを参照のこと。

世界では、1980年代後半以降、空港の民営化が徐々に拡大している。民営化の典型は、空港の所有権ないし所有権を含めた公的セクターから民間セクターへの移行である。所有権の移転は大きな影響力をもつが、現実の経過で広い範囲でみられるのは、資産の所有権を公的セクターに残しつつ、空港の運営・維持の権利を民間に売却などで任せる部分的民営化である。1990年代後半までは、EU諸国が中心であったが、1990年代末以降は、アジア地域の一部にまで、その傾向は広がっている。民営化運営の担い手にも変化があり、コンソーシアム形態などを含むグローバル・オペレーターの参加により、主要空港では、施設能力とサービスの向上ないし標準化がもたらされている。その背景には、グローバル化と航空自由化の推進のもとでの競争環境の高まりが示される。

　わが国でも、遅ればせながら、2010年に閣議決定された新成長戦略のもとで航空輸送関連が戦略分野の重点項目の1つの柱としてとらえられ、空港についても、上下一体を基本としたうえで、民間の資金とノウハウを活用し、「整備」から「運営」へのパラダイムシフトを促進するコンセッション方式での方策が打ち出されるに至った。近年における自由化の進展にともなう、アジア近隣諸国の空港整備の進展と空港間競争からの圧力に対抗し、空港利用者のニーズの多様化と高質化からの要請に対応するためには、旧来からの空港制度の改革が必然となる。2000年以降の本格的な規制緩和以降、航空会社による企業行動の選択と集中の結果、地方空港の採算性と利用効率の低下、首都圏空港の容量不足と国際競争力の低下の問題が大きく顕在化し、プール制下での個別空港の経営収支の不透明さ、垂直的分離による空港運営が、競争力の確保と自由化の推進にとって障害になってきたからにほかならない。

　このことから、新成長戦略をはじめとする最近の取り組みは評価されるが、その見通しや実行可能性は定かではなく、抜本的な制度改革には検討すべき課題が残されている。本章での研究報告は、現行の空港制度の問題点と論点についてレビューを中心に整理しつつ、見直しの経過と残された制度改革のための論点、とくに民営化の論点と、今後、重要と思われる政策の課題と展望について、検討することを目的としている。

2. わが国の空港整備・運営の特質と問題点——論点をふまえて

　周知のとおり、わが国の現行における空港の整備・運営と財源システムは、空港法（＝旧空港整備法）、社会資本整備重点計画（＝旧空港整備５ヵ年計画）、社会資本整備特別会計空港整備勘定（＝旧空港整備特別会計）によって支えられている。この制度のもとで、わが国の空港整備・運営は、整備の計画から予算の策定と配分に至るまで、国が主導的役割を果たしてきた。この国主導のスキームは、全国的な規模のネットワーク形成途上においては、毎年、一定の安定的な財源を確保できることから、施設整備の見込みを立てやすく、全体での受益と負担の関係が概括的に示されることによって社会的合意が得られやすいなどの利点などが指摘されている。一方では、公的関与の依存によって、議会と行政とのプリンシパル・エージェント問題などを介する資源の不適切配分などの可能性も生じている（山内弘隆（2008））。ネットワークが概成に近づくにつれ問題点が浮上するが、その根幹の対象としてとりあげられたのは、空港整備勘定である。主要な問題点は、航空政策研究会特別研究プロジェクト（2009）、塩見英治（2009）、塩見英治・小熊仁（2010）、Shiomi, E.（2010）、加藤一誠（2010）、中条潮（2008）、Kato, K. et al.（2011）などによって指摘されているが、主要な指摘を要約すると次の諸点になる。①全国規模での財源配分のプール制をとっていることから、個別空港ベースで受益と負担が乖離すること、②先発施設から後発施設への内部相互補助を生じ、全体として不採算施設の拡張をもたらすこと、③対象施設への資金配分の規模や優先順位のチェックがきかないことによる逆選択、非効率で過度の投資を生み出すこと、の可能性である。本来、需要に応じ傾斜配分すべき首都圏空港の整備に十分に資金が回らない構造を生み出している。

　費用負担の構造としては、1970年の空港整備特別会計が導入されてからは、従来の公共負担から、着陸料などの空港使用料、航空機燃料税を主源とする受益者負担へとシフトし、その構成も７割から８割を占める経過をたどっている。この導入の背景については、①高度成長にともなう需要の急増に対応する財源の確保、②所得格差と地域格差の是正に資する整備資金の拡充、③国鉄財政窮状の経緯をふまえての通路費負担調整のためのイコール・フッティ

ングの議論、があげられる。松中亮治・中川大・小西浩・高木理史（1998）の分析にみられるように、現実の交通社会資本の費用負担はさまざまで、歴史的所産や社会的事情、政治的合意などを反映しており、経済的合理性が必ずしも反映されているわけではない。

　着陸料などの空港使用料、航空機燃料税を主源とする受益者負担については、財源規模や負担の透明性についての問題点が指摘される。原則、この負担構造によれば、歳入額が航空需要動向に左右され、需要の大きな段階では整備水準の向上に都合のよい機能を果たすが、需要が伸びない経済状態では規模が縮小しがちになる点である（塩見英治（2009））。透明性に関しては、着陸料はコストベースで空港ごとに算定され各空港に帰属すべきであるが、航空機燃料税とともに、転嫁を含め最終的負担の構造が不明確である点である。さらに、空港ターミナルビル、駐車場については、多くが地方自治体出資の第三セクターや、民間会社によって運営されており、本来、内部一体化されるべきその収益が流出し、空港整備特別会計に反映されない問題点が指摘される。この理由については、国内航空の再開当時、これらの整備の資金不足も予算計上が国によって認められず、公的部門が収益事業を行うことが困難である判断がなされるなど、歴史的経過と財政法上の制約によるものとされている。

　受益者負担に大きく傾斜しているとはいえ、一般財源そのものは、財源確保の調整機能をも果たしている。加藤一誠（2010）は、空港整備勘定の歳入構造を検討したうえで、本来の充当に加え、補てん措置として、主として、航空機燃料税の税収が減少したときに拠出される傾向を指摘している。1991年以降は、東京国際空港の整備事業への充当のために、財源として財政投融資が高い割合を示す傾向になっている。

　財源配分については、社会資本整備重点計画（＝空港整備5ヵ年計画）をもとに決定がなされており、第1次が着手される1967年から第4次が終了する1985年までは地方空港整備が中心的な整備の柱として掲げられ、重点配分の対象となった。1986年に開始される第5次以降には、3大プロジェクトの整備と並んで配分の対象となり、1996年の第7次以降は専ら大都市圏空港整備への傾斜配分を目標にしている。現実には、1990年代に入っても地方空港の整備に継続的に資金が配分される結果となっている。この背景について、塩

見英治・小熊仁（2010）は、1985年のプラザ合意以降の急速な円高による地方経済の影響を回避するための内需刺激と公共投資政策に左右される経過を指摘している。2003年に開始される社会資本整備重点計画では大都市圏空港整備と国際競争力強化が重点課題となり、この面での配分が大きな割合を占めるに至っている。なお、地方空港については、大半が空港整備特別勘定から支払われるが、空港法の定めにあるように、4分の1から半額を地方自治体が負担する。中条潮（2012）は、これに見合う地方債の財源調達がなされ、この元利償還は地方交付税の対象となり国から支払われ、最終的には、国民負担の一般財源の負担となる見過ごされがちな傾向を指摘している。

3. 空港収支・空港運営目標の提示

わが国の空港数は、2010年の茨城空港の開港をもって98空港になっている。最近では、2009年の北海道の弟子屈空港の閉鎖が話題になった。数のうえでの過剰が問題として取り上げられることが多いが、人口規模と国土面積あたりの国際比較からみて、著しく過剰の評価はあたらない[2]。この総数のなかには、共用空港やその他の空港として分類される空港16が含まれている。もっとも、空港の配置としてみれば、都市の人口規模にかかわらず、都道府県の行政区分に合わせ、数のうえで全国的にほぼ均等に存在しているのが特徴的といえる。

これらの空港に対しては、予算制約のもとで自ずと投資の選択と集中が求められる。拠点空港で主軸をなす首都圏空港には、グローバル競争に対応し、需要増加に見合った整備資金の充当が必要である。一方、既存の需要が少ない空港については、社会的効果を見極めつつ利用効率の向上を重視した運営が必要となる。この選択と集中に合致した空港整備・運営システムを構築するためには、空港別の財務内容と収益の状況の把握が前提となる。しかし、従来、長い間、空港整備特別会計の業務に係る収支状況については、相対的

---

2 2011年を人口規模と国土面積あたりの国際比較でみると、千人あたりの人口では、日本（0.76）、米国（2.62）、英国（1.01）、フランス（1.51）であり、千km²あたりの国土面積では、日本（0.26）、米国（0.08）、英国（0.08）、フランス（0.16）となる。

に把握可能ではあるが、国が管理する各空港の収支のデータは公に明らかにされてこなかった。地方自治体管理空港についても各空港の算定ベースが異なり不明な点が多かった。ましてや、実態が運営分離されていることもあり、一体的な把握の試みもなかった。

このことから、著者が委員長を務める航空政策研究会特別研究プロジェクト（2009）は、2005年の離島を除く41の国管理空港と地方管理空港の航空系部門・非航空系部門の収支の試算を行い、その結果を記者会見、シンポジウム、報告書の刊行などを通じて公表した。各空港の収支計算方法とデータの出所は、以下のようになっている。

〈国管理空港の全体収支〉
・基本施設収支（着陸料等収入＋土地建物貸付料収入【国交省データ】－人件費【推計】＋物件費［維持管理費含む］【推計】－土地建物借料【国交省データ】－環境対策費【国交省データ】＋財政投融資の借入金利子（羽田空港のみ）－減価償却費【推計】）＋空ビル収支【決算データおよびアンケート】＋駐車場収支【推計】

〈地方自治体管理空港の全体収支〉
・基本施設収支（着陸料等収入【アンケート】＋土地建物貸付料収入【アンケート】－人件費【アンケートまたは推計】＋物件費［維持管理費含む］－土地建物借料【アンケート】－環境対策費【アンケート】－減価償却費【推計】）＋空ビル収支【決算データおよびアンケート】

なお、収入項目については、収入を保守的に見積もることもあって、国管理空港について、航空機燃料税と航行援助施設使用料を除外して算出している。これによって、国管理空港では5空港、地方管理空港では3空港が黒字で収益を計上している以外は、すべての対象空港で赤字の実態が示された。なお、収支均衡のシミュレーションにより、年間利用者が国管理空港で280万人、地方管理空港で190万人の水準で営業収支が均衡する分析結果が得られた[3]。

3　この年間利用者数をもって最終的な営業収支の均衡としてとらえるには留意が必要である。収入項目として航空機燃料税を除外するなど保守的に見積もっていること、一体的運用などによっての増収効果が期待できることである。欧州などでは、この旅客数水準をはるかに下回っている。

最終的は、以上の収支均衡の分岐ととらえたうえで、①独立可能な民営化に該当する空港、②独立不可能であるが航空ネットワークの観点から、空港の運営の工夫や住民負担などによって維持すべき空港、③離島など生活手段や公平性を確保するうえでの存続が求められる空港、④廃港・清算を要する空港、のカテゴリーに分類し、それぞれの運営上の課題を提言している。国土交通省も、その後に国管理空港の試算を行っており、対象空港の収支についてほぼ同様な結果を導いている[4]。

　空港の維持については、個別採算性といった経済合理性の観点だけで判断するべきでないが、減価償却を算入し事業主体が異なるセクターを合わせた一体的把握による個別収支の推定は、本邦初の試みであり、政策上の示唆を導きだした点でも意義あるものになったと考えられる。空港運営システムの実情をとらえ、その改革と見直しに関し重要な役割を果たしたものと認識される。国全体で適切に判断し合意形成するとしても、分権化されたなかでの運営責任と収支計算の確定が前提となる。分析によって導きだした政策提言に関しては、住民の支払い意思が低く、空港の利用率も採算性も著しく低く、そのための工夫改善の見込みがない場合には、廃港の選択肢も視野に入れている。意思決定にあたっては、上村敏之・平井小百合（2010）が指摘するように、それぞれの地域での空港維持・運営のための住民人口1人あたりの負担額を算出し提示することも望ましい方策と考えられる。

4. 民営化を中心とする空港改革

　空港の制度改革にあたっては、民営化が大きな論議の対象となる。空港の民営化そのものの歴史は新しい。最初の民営化は、1987年の英国のBAAによるもので、民間セクターへの所有権移転をともなっている。それ以来、オーストラリア、カナダをはじめ、世界の多くの国の空港が民営化に移行してい

4　国土交通省の算定モデルは、国管理空港のみを対象としており、収入項目に一般財源繰り入れ分と航空機燃料税を算入している点、空港ターミナルと駐車場収入に関し、賃貸料収入のみを加算してはいるがそれ以外の収入が算入されていない点は、航空政策研究会特別プロジェクトの算定モデルと異なる。

るが、その形態は多様にある。民営化を種別すると、①BAAに該当する株式公開による所有権移転、②空港の一部もしくはすべてをトレードパートナーやコンソーシアムに売却するトレード・セール、③一定期間における空港経営権の買い取り、または空港のリースを意味するコンセッション、④当初、民間企業が空港や空港施設を建設して経営し、一定期間後に所有権が政府に戻るプロジェクトファイナンス、となるが、もっとも一般的で全体数のなかで多いのが、②と③のケースである[5]。③の契約期間の典型は、20-30年とされる。さらに、運営主体に関しては、伝統的な空港会社に加え、資産運営会社、投資会社、公益事業・インフラ会社、エネルギー会社など多様な運営主体の参加に特徴づけられる。より最近では、投資会社がエクイティやインフラ資金の調達の役割もあって空港の主要な投資家を占める傾向になっている[6]。

　民営化の目的としては、利潤動機にもとづくコスト効率の向上と収入の増加策による収益の拡大、施設拡張資金の調達などがあるが、具体的には、設定料金の工夫による航空需要の喚起、商業収入の増加の好循環といった相乗効果があげられる。今回の国土交通省の成長戦略会議による関西2空港の統合化は、運営権の売却でのコンセッション方式によるものである。国営の伊丹空港を官民出資の株式会社とし、持ち株会社を設立して関西空港と伊丹空港を傘下におき、最終的には持ち株会社が有する両空港の運営権を民間に売却し、関西の有利子負債の圧縮に充てるとしている。実現のためには運営権の価値をあげる需要増加と収益力の確保が鍵となる。このコンセッション方式については、他の国管理空港にも適用する方針が示されている。この取り組みは、われわれが政策提案した方向に沿ったもので評価されるが、当面、国管理空港に限定し、コンセッションについても大筋を示すにとどまっている。このコンセッション方式は、2010年6月のPFI法の改正により、具体的な設定ができやすくなっている。とくに、第10条において、運営権に「みなし物件」としての性格を与え、抵当権を設定できるようにし、さらに、譲渡を可能とし事業継続が困難な場合に第3者が事業継続を行うこととし、登録制度として定めている。従来の「サービス購入型」から、料金を自らの収入

5　O'connel, J. K. and Williams, G. (2011), p.254.

6　Ibid. p.255.

として収受し運営する「独立採算型」への取り組みが円滑になるよう改正されている。

　この民営化への取り組みは、硬直した従来体制の枠から大きく踏み出したものとして評価されるが、外資制限、許容される料金設定の幅、実効性のある契約期間、リスク分担、運営権の範囲などを含め、今後、詰めるべき課題も多い。

5.　今後の政策課題と展望

　航空政策研究会は、今後の改革方向のキーワードとして、「一体化」「透明化」「地域化」を掲げたが、このうち、空港運営の「一体化」は空港本体とターミナルビルとの運営の一体化で、空港主体のもとで空港全体のマネージメントを行うことを意味する。「透明化」は収支の開示だけにとどまらず、組織運営をも対象にしており、ステークホルダーの便益を高め、ガバナンスを確保することにつながらねばならない。「地域化」は政府の統制権限から地方への統制権限の移譲を意味する。中央集権的な空港運営を改め、地域が主体となって地域の特性を生かせる空港運営の方向性が求められる。自立採算が可能な規模が大きな空港は、民営化の方策を選択し、存在理由があるが採算不可能な空港については、地域ブロック内での複数空港による内部補助、もしくは地域合意形成のもとでの自治体からの補助が選択肢となる。

　なお、現在までの改革方向において、解決すべき主要課題が残されている。その第1は、外資制限についての検討である。2007年から2009年にかけて、成田空港と羽田空港の運営にかかわる企業への外資による取扱いが問題として大きく取り上げられ、第3者からなる研究会などの検討をふまえ、2009年に、成田空港のみを対象に内外無差別の大口資本規制の導入を内容とする法案が国会に提出されたが廃案になり最終的な対応は定まっていない[7]。わが国の

7　空港の資本規制に肯定的な見解は、主として、安全保障の確保や、支配的な株式と外資ファンドが登場した場合の国益上と利用者利便性の喪失の可能性に根拠を求めている。これに対し、安全保障上の懸念には行為規制や罰則での対処、後者については行為規制や大口資本規制によって対処可能との見方が示される。英国空港公団の安全保障の観点からの英国政府による黄金株の保有も、民営化の目的と手段の均

外資規制には、通称、外為法と称される外国為替及び外国貿易法によるものと、個別法によるものとがある。前者は、公の秩序の維持を妨げ公衆の安全に支障をきたし国内の経済の円滑な運営に著しい悪影響を及ぼす恐れがある場合に、国が必要に応じ投資内容の変更と中止を命令できるもので、後者では、航空会社や放送会社などを対象に外資による株式取得を一定範囲内に制限しているもので、空港は、現状ではいずれの適用対象になっていない。なお、このほか、大口資本規制について、銀行法・保険業法、金融商品取引法、会社法などで、一定の定めがある。

　外国の空港についてみると、英国のヒースロー空港では資本規制が完全撤廃されており、豪州のシドニー空港では株式取得、49％の制限と、大口資本規制についての航空会社による5％以下の制限と近隣主要空港の運営主体による15％以内の制限がある。世界的にみて多様であるが、欧州では自由化の進展により、緩和の方向にある。外資規制については、安全保障などの観点からの肯定論、市場開放と内外無差別などの観点からの否定論に分かれる。この面でのルールの定めがないと、空港運営の主体にとっては、政治状況の変化に左右される政治リスクが危惧され、安定的な事業基盤が失われがちとなる。わが国では空港運営に卓越した経験とノウハウのある組織に乏しいことから、懸念される問題に対処する行為規制での代替や低い制限枠での対応など、この面での再検討が急がれる。

　第2は、空港整備特別勘定の解体を含む今後のありかたである。空港整備特別勘定については、これまで検討してきたように、収入プール制に関し問題点が多い。現在の特別勘定は、2008年に国土交通省が所管する5つの特別会計の統合によって設立された社会資本整備特別会計へ組み込まれた経緯がある。この統合は、公共投資の硬直化の回避、分野横断的な事業、業務の重複排除での効果が期待されるものであるが、この前提となる綿密な投資効果の計測、資源配分の効率化が達成されていないままでの統合であり、辻褄合わせの感が否めない。統合後も、共通する業務等を業務勘定に移すほかは、基本的に従来の枠組みがそのまま移行される形となっている。成長戦略会議

　　衡の観点から、正当化されない旨の判決をEU司法裁判所が下し、廃止される経過をたどっている。

では、民営化策を打ち出したものの、空港整備特別勘定の解決策は示していない。行政刷新会議等で、統合された枠組みのなかで一般財源化の強化の方向性もうかがえるが、これは民営化と地方分権の強化に逆行する動きといえる。改革の要諦は、分権化されたなかでの受益と負担の明確化である。この面からの空港整備特別勘定についての検討が望まれる。

第3は、航空機燃料税を含む財源制度の見直しの必要性である。航空機燃料税は、本来、全国的な空港整備を目的とした財源である。空港ネットワークが概成した現在、その目的は達成されている。このこともあって、一般財源化の方向で検討が行われる経緯をたどっている。これについても受益と負担の乖離を発生させる点で問題がある。この点で、中条潮（2012）は、航空機燃料税については、空港使用料の一種であって個別空港の収入としてカウントすべきであり、空港を独立採算・民営化させる際には廃止すべきとする見解を示している。ここでは、この消失分は、個別空港での空港使用料の引き上げによって補てんできる可能性を示唆されている。

筆者は、仮に残すとしても、利用者負担を明確にし、使途を限定するなどの施策が必要と考えており、この点で、存続の是非、存続のありかたについて検討を重ねる必要があると考える。さらに、財源調達面に関していえば、採算性の高い空港については、米国でみられる収入債の導入促進など、市場インセンティブを高める報告での方策をはかることが望まれる。米国の空港は所有では地方公共団体など公的主体が主体を担いつつ、運営上、航空会社などとの関係で市場性を発揮している点で特徴的である。代表的な空港の財源は、地方債としての免税債権のうちの収入債に大きく依存しているのが特徴的である。

投資家にとっては、税の免除は投資のインセンティブを高め、所得が高い階層ほど債権購入のメリットが大きいといえる。一方、事業主体にとっては、一般財源債に比較して支払利息は低利であり、財源自体としても安定的であり、事業リスクを投資家に転嫁できるメリットを有する。しかも、将来の収入により元利が還元される限り、補助金と同様の効果をもつといえ、連邦政府の関与が少ない。このスキームにはほかに金融保証会社、格付会社が関与するが、前者はデフォルトの際に投資家の損失を補てんなど信用補完の機能

を担い、後者では、格付け基準として需要予測、競争状況の存否、財務予測、経営状況、負債構造などの定量的指標を用いて評価がなされるなど、全体として、アカウンタビリティが尽くされ、透明性が高いといえる。わが国では、この面での導入促進のためには、市場性に裏付けられた規律の確立が条件となる。

　第4は、民営化体制下での規制のありかたである。空港を独立採算・民営化させる際には、公的機関の関与をあるいは保証をどこまで残すかという点が問題となる。Graham, A. は、空港の民営化には、市場支配力の乱用の懸念があり、必ずしも料金の引き上げの乱用、収益性が低いサービスでの質の低下など、航空利用者の便益にベストに資する運営を行うとは限らないとし、事例を列挙している[8]。多くの場合、このために、民営化にともない新たな規制システムが導入されている。この典型は、BAA などに適用されたプライスキャップによる料金規制であるが、当初のモデルに修正を加えて現在に至っている。近年では、価格モニタリングを行うなど緩やかな介入にとどまり、関係者間での直接交渉によるケースが多くなっている。こうした関連で、今後は、料金規制の範囲、サービスの質と施設の指標の設定や測定、モニタリングなど、公的機関の規制のありかたについても検討を深めねばならない。資金調達の保証の関係では、プロジェクトファイナンス手法などでの外国の事例についての検証を行うなどの多面的な考察が求められる。

　なお、日本でも、公的所有そのままで一体的な空港の民間運営を行うコンシーアムでのコンセッション方式を、2016 年 7 月に仙台空港に導入、実施し、ほかに福岡空港、高松空港にも適用する方向で広がりをみせている。形態は少し異なるが、新関西国際空港でも導入している。しかし、始まったばかりであり、成果分析は今後の課題である。契約等には、すでに述べた課題・問題点が残されているが、成果をあげることが期待される。

8　Graham, A. (2008), chapter 2 and 5.

【参考文献】

引頭雄一（2008）「空港整備・運営の課題」『IATSS Review』第 33 巻第 1 号、国際交通安全学会、42-49 ページ。

引頭雄一（2012）「空港インフラの有効活用の方向性」『運輸と経済』第 72 巻第 7 号、財団法人運輸調査局、47-56 ページ。

上村敏之・平井小百合（2010）『空港の大問題がよくわかる』光文社新書。

遠藤伸明（2001）「航空規制緩和と市場の変遷」『運輸と経済』第 61 巻第 8 号、40-49 ページ。

太田和博（2000）「空港整備特別会計における受益と負担」『ていくおふ』90 号、ANA 総合研究所、16-27 ページ。

航空政策研究会特別研究プロジェクト（2009）『今後の空港運営のあり方について：報告書』航空政策研究会。

加藤一誠（2010）「航空事業者と空港の関係からみた公租公課のあり方」『航空と文化』第 100 号（2010 年新春号）、日本航空協会、10-15 ページ。

加藤一誠（2011）「今後の空港「経営」と資金調達」『運輸と経済』第 71 巻第 4 号、38-45 ページ。

加藤一誠・三枝まどか（2008）「空港インフラの評価手法としての債権格付け」『運輸と経済』第 68 巻第 8 号、47-54 ページ。

塩見英治（1992）「空港整備の基本的論点と政策課題」『運輸と経済』第 52 巻第 4 号、32-38 ページ。

塩見英治（1995）「競争促進政策と空港システムの再検討」『交通学研究』1995 年研究年報、日本交通学会、23-33 ページ。

塩見英治（1999）「空港社会資本の整備システムと資金調達」『港湾経済研究』第 38 巻、日本港湾経済学会、239-251 ページ。

塩見英治・小熊仁（2008）「地方空港整備の展開と制度改革の課題」『産研論集』第 35 号、関西学院大学産業研究所、3-17 ページ。

塩見英治（2009）「地方空港をめぐる問題の論点と課題」『運輸と経済』第 69 巻第 8 号、14-21 ページ。

塩見英治・小熊仁（2010）「社会資本整備・運営の展開と課題～空港社会資本と特別会計制度を中心として～」石崎忠司監修『失われた 10 年～バブル崩壊からの脱却と発展～』中央大学出版部、第 3 章、61-90 ページ。

塩見英治（2011）「民営化の潮流下で問われるサービスの質と業績評価」『運輸と経済』第 71 巻第 4 号、2-3 ページ。

中条潮（2007）「国際航空自由化への道」『三田商学研究』第 50 巻第 4 号、慶應義塾大学商学会、63-82 ページ。

中条潮（2012）『航空幻想』中央経済社、165-182 ページ。

藤井直樹（2011）「空港運営企業に対する集中投資への対処」『空法』52 号、日本空法学会／勁草書房、59-97 ページ。

松中亮治・中川大・小西浩・高木理史（1998）「各国の交通制度の変遷を踏まえた交通整備財源の実質的な負担者の比較」『土木計画学研究・論文集』No.15、公益社団法人土木学会、195-204 ページ。

山内弘隆 (2000)「交通社会資本の特質と費用負担について」『開発金融研究所報』2000 年 11 月号、国際協力銀行開発金融研究所、47-57 ページ。

山内弘隆 (2008)「交通社会資本の課題と展望」『IATSS Review』第 33 巻第 1 号、6-14 ページ。

Carney, M. and Mew, K, (2003), "Airport governance reform: a strategic management perspective", *Journal of Air Transport Management*, 9, pp.221-232.

Graham, A. (2008), *Managing Airport*, Butterworth-Heinemann (中条潮・塩谷さやか訳『空港経営—民営化と国際化』中央経済社、2010 年)。

Halpern, N. and Pagliari, R. (2007), "Governance structures and the market orientation of airports in Europe's peripheral areas", *Journal of Air Transport Management*, 13, pp.376-382.

Halpern, N. and Brathen, S. (2011), "Impact of airports on regional accessibility and social development", *Journal of Transport Geography*, 19, pp.1145-1154.

Kato, K., Uemura, T., Indo, Y., Okada, A., Tanabe, K., Saito, S., H., Oguma, Yamauchi, H., Shiomi, E., Saegusa, M. and Migita, K. (2011), "Current Accounts of Japanese Airports", *Journal of Air Transport Management*, Vol.17, Issue2, pp.88-93.

Lian, J. I. (2010), "The Economic Impact of Air Transport in Remoter Regions", edited by Williams, G. and Btathen, S., *Air Transport Provision in Remoter Regions*, Ashgate, pp.61-75.

O'connel, J. K. and Williams, G. (2011), *Air Transport in the 21st Century-Key Strategic Developments*, Ashgate.

Ohta, K. (1999), "International airports: financing methods in Japan", *Journal of Air Transport Management*, 5, pp.223-234.

Shiomi, E. (2010), "Airline liberalization in Asia and tasks for Japanese policy", *International Public Economy Studies*, Japan CIREC, No.21, pp.6-14.

U.S. General Accounting Office (2012), *Airport and Airway Trust Fund-factors Affecting Revenue Forecast Accuracy and Realizing Future FAA Expenditures*, GAO-12-222. January, pp.1-44.

あとがき

　本書は、戦後の国際航空体制を敷いたシカゴ・バミューダ体制後、現在の国際航空制度が、どのように変わり、航空企業の行動もどのように変わったかを多面的に考察した。主要国の競争政策も IATA の行動も変容している。1970 年代の米国の規制緩和の影響のもと、1980 年代以降の世界の国際航空の自由化体制、航空市場の構造変化をどう読み解くのか、アジアの新しい体制のなかで我々はどう向き合っているのか、を指し示す研究書である。運輸権益を相互に交換する二国間主義は大きく変容した。IATA の統制力も低下した。国内規制緩和のうえに国際航空の自由化政策の先鞭を切ったのは米国である。1990 年代以降には、自由化は波及し、米国のオープンスカイ型自由化の拡大と EU 型の統合自由化の二大陣営を生んでいる。統合型自由化は、アジアでは、ASEAN に波及している。

　分析によって、制度と競争政策の変容、自由化のオープンスカイ型と統合型の二大陣営の展開の諸相、政策と企業戦略の相互性が明らかになった。アジアでは、ASEAN が 2015 年末に市場統合を遂げたが、その市場統合の仕組み、運営実態は、EU とは異なる。また、そのもとでの企業間の競争・協調、戦略的展開をも取り上げている。この関連で、自由化の産物ともいえるグローバルアライアンスと LCC の動向を、研究レビューを整理しつつ、分析をしている。LCC も 2000 年以降、欧米の代表的企業はビジネス・モデルを一部、変容させて、上位市場への参入を果たして市場構造が重層的になり、これに対抗する FSC もコスト削減に努め、両者ともにハイブリッドに転じていることを明らかにした。アライアンスについては、グローバル・アライアンスに進化し、最近では、収益分配、価格共同設定、収入配分をするなど、戦略を転換していることを明らかにした。LCC の持続的発展、アライアンスの収斂と持

続的発展は、今度の分析が待たれる。アジアでは、所得の成長が期待できることから、新規需要を創出するLCCの構造から、今後とも、LCCの成長が期待される。アライアンスもLCCも航空自由化の産物であるが、これらの成長が、空港の整備とともに、自由化を促進する面も否定できない。以上のように、本書は、制度の変容と競争政策の変容、戦略面の変化など、これまでにない多面的分析に特徴を出している。

　最後に、日本の国際航空自由化への対応で、要諦でもある競争政策、空港改革にも意を払った。だが、今後の課題も多い。ASEANの統合も空港改革も始まったばかりであり、その成果と展開は、経過観察を要する。

　本書は、2016年度の中央大学の学術図書出版助成を受けて、上梓した著書である。まず、制度を設定・運営している中央大学当局に感謝申し上げる。収録した論文のほとんどは、過去の学会で研究報告をして、レフェリー審査を受けているが、なかには、中央大学経済研究所の研究年報や経済学部の経済学論纂に掲載され加筆・修正したものも含んでいる。本書の刊行にあたっては、関係諸氏に厚くお礼申し上げる。出版助成の承認は、学部教授会の審議に諮った結果によるものであるが、まずはご承認いただいた学部教授会のメンバーに感謝致す。次に、教授会のメンバーの選出によって、審査員に鳥居昭夫教授、石川利治教授、山﨑朗教授が決まり、審査にあたったが、その審査のご尽力にお礼申し上げる。直接の作業の支援をしていただいた出版部にも厚くお礼を申し上げる。こうした支援によって、本書の刊行が陽の目をみた次第である。

　航空輸送産業は、収益の変動が激しく、事業の採算面は、不安定である。ネットワーク産業であることから、固定費の負担も多い、しかし、需要は長期的に一貫して右肩上がりである。このような意味で、成長産業である。このような産業は少ない。LCCも、アジアの所得の増加とともに、新規需要の掘り起こしのなかで、成長している。地方空港の振興策としてもその成長・促進が期待される。今後とも、その推移が注目される。企業の動向が、制度のさらなる変容を促していく。こういう意味でも、国際航空の自由化動向が注目される。一方、FSAもグローバル・アライアンスを展開させて、提携を進化させており、効果・影響が注目される。本研究の行方の追及は、果てしな

あとがき　141

い。分析の課題・対象も残されている。

　著者が米国の規制緩和の研究書を刊行して 10 年余。国際航空の自由化をまとめた類書が国内でほとんどないことが本書を出す契機になった。その後、体調を崩し、生命の危機に遭遇し入院したが、なんとか復調し、上梓することができた。しかし、今後の研究課題も残されている。読者諸氏の評価・批判を乞うものである。また、今後の諸氏のご支援とご指導を願ってやまない。

　2016 年 4 月　富士山を遠景に臨む多摩キャンパスにて

塩見　英治

索　引

あ 行

アライアンス	4, 5, 7, 8, 10-15, 17, 21-38, 40, 41, 50, 69, 80, 95, 115, 116, 139, 140
アラカルト方式	47
EU 共通運航免許	5, 115
一体化	133
イノベーション	45, 46
インターネット	44, 51, 91, 93
インターライニング	8-11, 13, 17, 48, 117
運賃格差	64, 77, 98
エアアジア	117
オープンスカイ	ii, 1, 4-6, 11, 14, 41, 57, 79, 112-115, 117, 120, 123, 139

か 行

カーブアウト	12, 14
外資規制	134
外資制限	6, 7, 69, 115, 116, 122, 133
囲い込み戦略	4, 114
合併	23, 24, 26, 32, 36, 58, 65, 69, 71-76, 79, 85, 91, 94
カボタージュ	5, 6, 32, 48, 114, 116, 119-121
規制緩和	i, 4, 16, 34, 57, 67, 83, 84, 87, 90, 92, 98, 113, 139
キャリア運賃協定	9, 15
キャリア協定	17
競争政策	ii, 51, 69
競争法	10, 123
空港整備特別会計	127-129
空港整備特別勘定	135
クレイトン法	12, 70

グローバル・アライアンス

グローバル・アライアンス	i, ii, 6, 7, 15, 22, 35, 36, 41, 139, 140
経営資源アプローチ	22
経営資源移転理論	23
航空化率	108
航空機燃料税	128, 130, 135
コード・シェアリング	4, 5, 7, 8, 11, 14, 27, 32, 35, 37, 51
国際航空運送競争法	113
国際民間航空条約	2
国籍条項	7, 21
国籍ルール	5, 123
コスト・リーダーシップ	43
コンセッション	126, 132, 136
コンソーシアム	26, 126
コンテブルマーケット理論	26

さ 行

サウスウエスト	44, 46, 47, 84, 85, 117
差別化戦略	29
ジェットブルー	47, 49, 83, 89, 94-98, 117
シカゴ会議	2
シカゴ・バミューダ体制	i, 1, 112, 139
市場参入	83, 85, 88, 89, 97
市場統合	i, 1, 21, 119, 120
市場統合型自由化	4, 5, 22
シャーマン法	70
社会資本整備特別会計	134
社会資本整備特別会計空港整備勘定	127
収入債	135
受益者負担	128
シングルフリート	91
水平的連携	27
スロット	79

た　行

第5の自由	6
ダウンサイジング	100
多国間協定	1, 2, 4, 6
多国間主義	51, 106, 119
単一市場統合	112
中間組織	24, 25, 31
統合	25, 28, 29
統合型自由化	139
独占禁止法適用除外	i, 1, 2, 7, 14−16, 22, 40, 123
取引費用	32

な　行

内部化理論	23, 30
二国間協定	1−3, 9, 113
二国間主義	3, 21, 106, 113, 139
二次的空港	46, 51, 91, 93, 117
ネットワーク企業	46, 48, 51, 85, 87−89, 92, 93, 98, 100
ネットワーク・キャリア	i, 58, 59, 61, 62, 64, 76, 80

は　行

ハイブリッド	44, 89, 92, 94
派生的需要	106
パッケージⅠ	5
パッケージⅡ	5
パッケージⅢ	5, 114
ハブ・アンド・スポーク	45, 47, 48, 64, 65
バミューダ協定	2, 113
範囲の経済性	32
反競争効果の証拠	12, 71
PLC理論	23
付帯サービス収入	61
フラグメンテーション	107
プロジェクトファイナンス	136
並行的アライアンス	13
ポイント・ツー・ポイント	43, 44, 47, 91, 92
補完的アライアンス	13

ま　行

密度の経済性	14, 32, 40
民営化	5, 67, 126, 131, 132, 136

や　行

有効企業	100
有効競争	75
ユニットコスト	62, 98

ら　行

領空主権	2

欧文語句

ASEAN	105, 119, 139, 140
ATI	2, 7, 8, 11, 12, 14, 22, 35
Chapter 7	57, 66
Chapter 11	57, 58, 64-69, 78, 80
DIP	66, 68, 78
DOJ	10, 12, 14, 70, 72, 74, 76, 78, 80
ECAC	3
e-tariff	9
FFP	16, 30, 33, 45, 64, 65, 116
Flex fare	9
FTA	107, 110, 112, 123
FTC	12
GDS	33
HHI	70, 77
IATA	i, 1-4, 9-11, 13, 15, 16, 139
LCC	i, ii, 22, 41, 42-51, 57-59, 61, 62, 67, 76, 77, 79, 80, 83-95, 100, 117, 122, 139, 140
Metal neutrality	7
Show Cause Order	4, 113
SSNIP	72

著者紹介

塩見 英治（しおみ えいじ）

1972 年 3 月　早稲田大学大学院商学研究科修士課程修了
1982 年 3 月　九州大学大学院経済学研究科退学
1982 年 4 月　中央大学経済学部助手、専任講師、助教授を経て
1993 年 4 月　中央大学経済学部教授、現在に至る
1993 年 4 月-1995 年 3 月　ブリティッシュ・コロンビア大学客員研究員
2006 年 4 月-2009 年 3 月　中央大学経済研究所長
［顕彰］
日本交通学会賞、交通図書賞　他
［学会活動］
日本交通学会前会長、国際公共経済学会前会長　他
［研究業績］
単編著　『改訂　交通産業論』白桃書房、1994 年
　　　　『現代物流システム論』中央経済社、1998 年
　　　　『米国航空政策の研究—規制政策と規制緩和の研究』文眞堂、2006 年
　　　　『現代公益事業—ネットワーク産業の新展開』有斐閣ブックス、2011 年
　　　　『東アジアの地域協力と経済・通貨統合』中央大学出版部、2011 年
　　　　『人口減少下の制度改革と地域政策』中央大学出版部、2011 年
　　　　『現代リスク社会と 3.11 複合災害の経済分析』中央大学出版部、2014 年
共著　　『国際航空自由化の制度的展開』（小熊仁と共著）文眞堂、2016 年
翻訳書　リーガス・ドガニス『国際航空輸送の経済学』（共）成山堂書店、1988 年
　　　　リーガス・ドガニス『改訂　国際航空輸送の経済学』（共）成山堂書店、1995 年
　　　　ジョン・ファニー編『ロジスティクスと小売経営—イギリス小売業のサプライ
　　　　チェーン・マネジメント』（共）白桃書房、1989 年
　　　　ルイス・ジオレット『航空輸送のグローバル化と戦略的経営』（共）成山堂書店、
　　　　1991 年
　　　　ピーター・モレル『国際航空貨物輸送』（共）成山堂書店、2016 年
　　　　米国運輸省道路局『米国 21 世紀への道路交通政策—原典研究資料』（共）米国自
　　　　動車研究会、1991 年
学術論文——多数

国際航空自由化研究序説
レジームの変容と競争・協調　　　　中央大学学術図書（91）

2016年10月25日　初版第1刷発行

著　者　塩　見　英　治

発行者　神　﨑　茂　治

発行所　中 央 大 学 出 版 部
郵便番号 192−0393
東京都八王子市東中野742−1

電話 042(674)2351　FAX 042(674)2354
http://www2.chuo-u.ac.jp/up/

© Eiji Shiomi 2016, Printed in Japan　　　　　　印刷・製本　惠友印刷㈱
ISBN 978−4−8057−2185−8

本書の出版は、中央大学学術図書出版助成規程による。

＊本書の無断複写は、著作権上での例外を除き禁じられています。
　本書を複写される場合は、その都度当発行所の許諾を得てください。